LA ECONOMÍA
POLÍTICA DE MARX

LA ECONOMÍA POLÍTICA DE MARX

Oscar Luis Rigiroli

1ª Edición en Amazon: Agosto de 2014

ISBN-13: 978-1500657673

LA ECONOMÍA POLÍTICA DE MARX

ÍNDICE

Primera Parte

CONCEPTOS BÁSICOS

PRÓLOGO

Al escribir este libro estoy entre otras cosas saldando una deuda conmigo mismo. En efecto, en mi temprana adolescencia en los comienzos de los años 60 milité por un período breve en un movimiento político en Buenos Aires, que constituía en aquellos tiempos una especie de academia del marxismo, diferenciado tanto del Partido Comunista oficial, que seguía obsecuentemente las directivas de Moscú en un tiempo impregnado de estalinismo, como de los grupos trotskistas, con sus interpretaciones voluntaristas y más o menos fantasiosas de la realidad. En aquellos momentos, era un valor entendido que el socialismo de cuño marxista terminaría por imponerse en el mundo, en vista de la vigorosa expansión de que entonces gozaba.

Las reuniones de las células a las que concurrí tenían un carácter teórico más que agitativo o propagandístico, e incluían por ejemplo lecturas y discusiones sobre la Teoría del Desarrollo Capitalista, de Paul Sweezy, de una inusitada densidad técnica e intelectual para esos medios.

No tardé mucho en decidir que esa no era mi posición política, pero la semilla de la curiosidad y el interés por el estudio del marxismo estaba ya plantada en mí, así como los deseos de profundizar sus postulaciones básicas y explorar las razones profundas de mi desacuerdo con algunas de ellas. Por lo dicho este libro comenzó como una especie de introspección política, y fue ampliando su alcance a medida que lo escribía, en particular al percibir que mi investigación develaba aspectos no tan conocidos de los escritos de Marx.

En todo momento he puesto la objetividad como valor fundamental, y espero haberlo conseguido en buena medida. Mi acercamiento ha estado signado en todo instante por un respeto profundo por el tema y sus actores, Kart Marx y sus sucesores. Espero que sea leído como lo que intenta ser: un aporte sincero, de ningún modo definitivo, para hacer conocer ciertos aspectos básicos de la economía política marxista, muy a menudo soslayados por adherentes y detractores. Por ello me he detenido en la discusión de ciertas tempranas opciones metodológicas realizadas por Marx, que a mi criterio han tenido importancia decisiva en la formulación de su análisis económico.

INTRODUCCIÓN

""Un fantasma recorre Europa, el fantasma del comunismo", escribían Karl Marx y Friedrich Engels en el Manifiesto Comunista en 1848.

Este fantasma recorrió no sólo Europa sino el mundo durante más o menos un siglo, como promesa o como amenaza, y llegó a materializarse en vastas regiones del globo terráqueo teñidas de rojo, formando un bloque que lució compacto y en expansión durante mucho tiempo. Si nos ubicamos en una época no tan lejana como por ejemplo 1950, pocas personas bien informadas y de criterio abierto dudaban que el futuro era un planeta socialista o directamente comunista. Aunque los mayores holocaustos de la historia, las dos guerras mundiales no tuvieron como epicentro la lucha entre capitalismo y comunismo, innumerables conflictos armados extremadamente sangrientos sí lo tuvieron, y el eje de la política mundial

13

durante décadas fue precisamente la puja entre los dos bloques separados por la Cortina de Hierro.

La seducción ejercida por el socialismo en su variante marxista sobre la intelectualidad de Oriente y Occidente fue entrañable y duradera, permeó y se afincó en todas las ciencias sociales, y en alguna medida se prolonga aún en nuestros días, transformada en un dogma de una suerte de religión laica.

Hoy la implacable marejada de la historia ha barrido con buena parte de esa promesa bifronte, y esto ha ocurrido en un plazo relativamente breve, de aproximadamente una generación. Para colocar un hito arbitrario seleccionaremos la caída del Muro de Berlín en la noche del jueves 9 de noviembre de 1989, por su valor simbólico, pero en realidad la decadencia había comenzado bastante antes.

La tan temida conflagración nuclear entre las dos superpotencias de la época, los Estados Unidos de Norteamérica y la Unión de las Repúblicas Socialistas Soviéticas, y sus respectivos bloques militares y políticos afortunadamente jamás ocurrió, las rebeliones anticoloniales protagonizadas por guerrillas comunistas en Asia fueron mayormente exitosas, la penetración ideológica en Occidente fue intensa, conduciendo a la formación de Partidos Comunistas que se encontraban entre los principales en sus respectivos países, y se alineaban con las necesidades estratégicas de la URSS.

¿Qué ocurrió? ¿Porque se produjo en eclipse de la influencia de ese fantasma en tan breve lapso? Indagar las razones estratégicas, políticas y militares de esta mutación mundial está afuera de la competencia de este autor y del propósito de este libro. Rescataremos un hecho central: la competencia económica entre ambos sistemas, el capitalista y el comunista, y la para muchos inesperada prevalencia del primero.

Los análisis los realizaremos a partir de los postulados básicos del comunismo tal como los planteó Kart Marx, particularmente en El Capital, su obra cumbre en el área de la economía política y en realidad la obra fundacional de esta rama de la economía.

Así como "la anatomía de la sociedad civil debe buscarse en la economía política" según la conocida frase de Marx en su Contribución a la crítica de la economía política, la anatomía del marxismo debe ser buscada en su propia economía política; esto significa que la raíz de los éxitos y fracasos del marxismo remiten en medida apreciable a las formulaciones de los escritos económicos de Marx.

Este libro busca encontrar las claves principales que guiaron al autor desde el punto de vista metodológico en la adopción de sus presupuestos iniciales, determinar qué aspectos de la realidad que se le ofrecía tomó y desarrolló y de que aspectos hizo abstracción. Se intentará indagar si las conclusiones que obtuvo y sus teorías y predicciones sobre el futuro del capitalismo son una consecuencia directa y racional de esas opciones originales. Por último exploraremos como trató el tiempo a esas teorías y particularmente a las predicciones.

Para realizar este cometido iremos discutiendo detalladamente cada uno de los grandes temas del marxismo, desenvolviendo su significado y poniéndolo en el contexto de los demás conceptos. Finalmente, en cada tema haremos una crítica del contenido del mismo y buscaremos dilucidar que funcionó en el tiempo y que falló.

El análisis lo haremos con todo respeto para el autor, teniendo en cuenta que escribió en una época relativamente temprana de la universalización del capitalismo, aunque quizás él mismo no era consciente de eso, mientras que nosotros contamos con al menos tres informaciones claves de las que Marx no disponía:

- El hecho mismo que el capitalismo haya sobrevivido un siglo y medio, y goce de todas sus fuerzas, cosa que seguramente no era esperable para Marx.

- La enorme experiencia fallida del socialismo real a lo largo de más de siete décadas, y que aún continúa en alguna medida; en ese período todas las posibilidades latentes en la formulación marxista fueron exploradas por muchos de los mejores cerebros de cada época. El hecho indiscutible es que la teoría de Marx tuvo todas las oportunidades necesarias para probarse.

- La comprobación, también experimental, de que el capitalismo, aún sin cambiar sus características básicas, consiguió incorporar reformas enormes, quizás no de buen grado, que mejoraron las suerte y las condiciones de vida de inmensas masas de población, aun conservando su carácter de asalariados, de forma tal que el problema hoy no lo constituyen los trabajadores sino los sectores que no han conseguido incorporarse al sistema.

Se ha intentado escribir este libro en lenguaje sencillo, de uso común y sin tecnicismos, no para iniciados sino para interesados. Las frondosas citas directas de El Capital u otros textos de Marx, por lo general densas y a veces de lenta comprensión, que son habituales en otros autores que tratan su obra, se han obviado aquí, en beneficio de la expresión de los conceptos centrales en forma directa. Los desarrollos algebraicos, frecuentes en los trabajos de Marx, se han respetado, pero en cada caso se previene al lector no familiarizado que puede saltearlos hasta llegar a las conclusiones. Decididamente no hacen falta para la lectura ni profundos conocimientos matemáticos ni de economía, sólo una buena dosis de curiosidad intelectual y apertura mental.

Esperamos que este rumbo nos permita conocer más de cerca el pensamiento de Marx, tan lleno de análisis luminosos como de profecías incumplidas.

CAPÍTULO1

Objetivos Y Métodos De Marx

Marx llegó al estudio de lo que denominó Economía Política luego de un largo proceso a lo largo del cual fue definiendo su esfera de intereses. Entender los rasgos básicos de este proceso es esencial para captar las razones de ciertas opciones que realizó al comienzo de sus análisis, y que colorearon decisivamente su interpretación de los fenómenos sociales. El objetivo central de Marx fue desnudar- es decir, poner de manifiesto- la ley económica de movimiento de la sociedad moderna.

Ese objetivo, y las opciones realizadas eventualmente lo llevarían a afirmar que la "anatomía de la sociedad civil debe ser buscada en la economía política", frase luminosa, particularmente en aquella época relativamente temprana de la investigación social. De aquí se sigue que no son los cambios esporádicos y autónomos en la consciencia de los seres humanos los que provocan movimientos en la sociedad sino que, al contrario, los cambios en la existencia social, que son determinados por lo que denominó " modos de producción", se ven luego reflejados en los aspectos legales y políticos. Para decirlo en terminología marxista, los cambios en la infraestructura productiva determinan los movimientos en la superestructura jurídica, moral, y aun religiosa de las sociedades.

Esta constatación lo llevaría a manifestar que el motor del cambio social es la mutación en el modo de producción. Esta es simplemente una conclusión lógica a partir de la premisa anterior: los cambios en la forma en que la sociedad produce transforman decisivamente su anatomía, para seguir con la metáfora biológica.

Ahora bien, la siguiente pregunta lógica es: ¿Cuál es la naturaleza de ese cambio en el modo de producción, que tiene la potencialidad de transformar la entera superestructura jurídica y política? En principio, la respuesta no es evidente. Los cambios en el modo de producción pueden ser de naturaleza tecnológica, tener como base el acceso a nuevas fuentes de los factores de producción: materias primas, trabajo, energía, etc. Marx realiza en forma automática una elección que sería clave en el decurso de toda su obra. Se encontraba bajo el poderoso influjo intelectual de la filosofía de Hegel, en particular el método dialéctico, que entiende los procesos y desarrollos como producto del conflicto entre fuerzas opuestas y contradictorias. Es conocido el método que ve en el antagonismo entre dos principios opuestos, tesis y antítesis, y en su resolución en una síntesis superadora el curso natural de desarrollo de todo tipo de procesos, incluidos los sociales. El uso de la dialéctica conduce pues a Marx a escoger una fuente de conflictos específica: las luchas de clases. Como es conocido, Marx rastrea en los grandes cambios históricos un conflicto de clases subyacente, de los cuales estudió con profundidad las luchas entre nobles y burgueses en el advenimiento del capitalismo.

En momentos de la historia, el desarrollo de las fuerzas materiales de producción (incluyendo aquí sí las de origen tecnológico, nuevos insumos, etc.) entran en conflicto con las que Marx llama "relaciones de producción", básicamente las relaciones de propiedad, particularmente de los medios de producción. Estas relaciones de propiedad actúan como un freno que detiene el desarrollo económico, hasta que la presión del cambio dinamita toda la superestructura y la reemplaza por otra más funcional a los nuevos desarrollos materiales.

De esta manera, la secuencia de eventos en los períodos revolucionarios sería la siguiente:

Los cambios en la base material de producción hacen que las relaciones de producción, o sea de propiedad, se constituyan en un corset que impide su desarrollo. Esto exacerba los conflictos de clase basados en las relaciones de propiedad vigentes, hasta la superación del conflicto dialéctico mediante una nueva síntesis, es decir nuevas relaciones de propiedad.

Marx usaba el método de lo que llamaríamos hoy aproximaciones sucesivas, haciendo abstracción- es decir eliminando provisoriamente - de todos los elementos que no fueran decisivos para la etapa de análisis en que se hallaba; de esta forma podría desnudar la anatomía del problema, e ir reintroduciendo luego los elementos eliminados en etapas de menos nivel de abstracción. El supuesto que subyace en este método es que la eliminación de temas que conduce a altos grados de abstracción se hará de forma tal que las conclusiones generales que se extraigan en dicho nivel elevado seguirán siendo válidas cuando se descienda a un grado más bajo de abstracción, es decir cuando se reintroduzcan elementos antes desechados. En otras palabras, el alto grado de abstracción debe eliminar detalles secundarios o superfluos de modo de poder visualizar la estructura esencial del problema bajo estudio, pero al ir a niveles más concretos la estructura debe seguir permaneciendo válida; en caso contrario, lo que se habrán eliminado al comienzo eran elementos esenciales que no debieran haber sido abstraídos. Vamos a ver más adelante como se compartan algunos análisis de Marx en este aspecto.

CAPÍTULO 2

Las Mercancías

El primer capítulo de El Capital está dedicado a las mercancías. La clara definición y uso consistente de este concepto es clave en toda la obra de Marx. Mercancía es todo producto que es hecho para el intercambio y no para el uso del productor. Por lo tanto, la noción de mercancía está desde su concepción ligada al intercambio.

Así como muchos economistas antes y después de él, Marx comienza estudiando el caso más sencillo, denominado producción simple de mercancías. En este caso, un productor determinado, trabajando para sí mismo - no para un patrón- y usando sus propias herramientas y enseres, produce un tipo de bien en cantidades mayores que las que va a utilizar, y subviene sus necesidades de los más diversos bienes mediante el intercambio de sus excedentes de producción con otros productores, que actúan de la misma forma. No existe una forma más elemental de intercambio que ésta, y permite estudiar las características de este hecho social en forma clara.

En el caso de la economía de trueque, una mercancía que denominaremos M1 es intercambiada por el productor 1 por otra mercancía M2, que necesita para satisfacer sus necesidades; el circuito del trueque es pues M-M, sin ninguna instancia interpuesta entre ambas mercancías. En este caso, el productor 1 debe buscar a otros productores 2, 3 etc. que necesiten lo que él produce, e inversamente produzcan lo que él necesita. Al aparecer el dinero, en cualquiera de las manifestaciones físicas que tuvo en la historia (ganado, conchillas, cuentas, monedas, billetes, y las actuales formas más abstractas del dinero), las transacciones se dividen en dos partes: nuestro productor 1 cambia su producto M1 por una cantidad de dinero D, o sea la primera transacción la describiremos como M1-D, y luego con D sale a buscar proveedores de otros bienes necesarios para su uso, por ejemplo M2, realizando la transacción D-M2. La gran ventaja es que ya no hace falta que el productor

2 a la vez que ofrecer el producto 2, simultáneamente requiera el producto 1. Esto facilita y lubrica todo el sistema de transacciones económicas respecto al simple trueque y tuvo, mucho antes del advenimiento el capitalismo, una gran importancia en el desarrollo de las sociedades humanas.

Otros economistas, como Adam Smith, habían ya dirigido su atención al intercambio, ligándolo al concepto de división del trabajo. Esquemáticamente, estableceremos que la división del trabajo permite el crecimiento de la productividad, maximizando el monto total de bienes disponibles para una sociedad, y el intercambio cierra el círculo al permitir a cada productor disponer de los excedentes y satisfacer sus propias necesidades. Así, división del trabajo e intercambio son dos hechos necesariamente conexos y que se explican mutuamente. Los marxistas critican la concepción de Smith con el argumento de que no sabe concebir la división del trabajo en forma separada del intercambio, y por lo tanto liga necesariamente a aquella con el concepto de mercancía, el que pasaría a ser una categoría inescapable y derivada de la naturaleza del género humano. Marx conserva el rol central de la división del trabajo, pero reduce a las mercancías a una categoría histórica, que aparece en una cierta fase del devenir humano y es susceptible de desaparecer en el futuro. Aunque reconoce que la producción de mercancías es muy antigua, rescata que ha habido ciertas civilizaciones donde la división del trabajo no se hallaba ligada al intercambio de mercancías, sino que los productos de los distintos tipos de trabajo eran compartidos por grupos sociales, por lo general reducidos y primitivos.. En otras palabras, la producción de mercancías no es para Marx la forma exclusiva y forzosa de actividad económica. Lo que obviamente le interesaba no era tanto analizar la división del trabajo en el pasado, sino probar que sería posible en el futuro aun cuando el concepto de mercancía fuera reemplazado.

Aunque queda dicho implícitamente en lo anterior, conviene explicitar que la producción de mercancías no es exclusiva del sistema capitalista sino previa a su existencia, y que el advenimiento del mismo sólo fue posible una vez que la producción de mercancías había llegado a un grado de desarrollo importante. Lo que es característico de dicho sistema es que la fabricación de mercancía es la forma casi excluyente de producción, relegando a otras categorías históricas (relacionadas con distintas formas de servidumbre) a la cuasi extinción.

Marx se interesaba en descubrir las relaciones sociales escondidas detrás de las mercancías y su intercambio. En efecto, detrás de las relaciones entre productos (relaciones cuantitativas basadas en sus precios), quiere poner en evidencia las relaciones entre productores, relaciones sociales basadas en hechos cualitativos.

Esta elección de Marx es coherente con lo ya expresado en el capítulo anterior, y con las sucesivas opciones que realizará más adelante. Lo que cuenta en los hechos económicos son las relaciones entre productores, es decir, entre individuos que ocupan roles determinados en el entramado de producción e intercambio. Otros factores que inciden en la producción de bienes quedan fuera de su foco de atención. Habitualmente las elecciones importantes tienen consecuencias, y sin duda esta no es la excepción. Estamos estudiando la producción simple de mercancías y es aún muy temprano para determinar si el colocar a las relaciones sociales de producción casi como único determinante no está dejando fuera del estudio elementos imprescindibles para explicar el cambio socioeconómico, tales como factores tecnológicos, disponibilidad de recursos, etc.

Como somos humanos, el colocar a las relaciones entre personas en el centro nos resulta atrayente y natural, pero no podemos excluir que otras fuerzas esenciales queden oscurecidas por esta decisión. Más delante volveremos sobre este tema.

Para los análisis subsiguientes, Marx realiza una distinción fundamental entre valor de uso y valor de cambio de un bien o mercancía. Veremos ambos conceptos con un cierto detalle.

Valor de Uso:

Este concepto expresa la utilidad que el bien proporciona al usuario, y por eso Marx lo denomina alternativamente como **utilidad**. En definitiva hace referencia a la necesidad del usuario que el bien satisface. De esto se sigue que el valor de uso es una relación entre el consumidor y el objeto consumido, y no una relación entre distintos usuarios y/o productores, es decir una relación social. Como Marx ha restringido el ámbito de la economía a las relaciones sociales, es decir relaciones entre personas, el valor de uso cae fuera del ámbito de definición de su economía política.

No es ésta la única posible definición que se pueda realizar; en efecto muchos economistas definen la economía como el conjunto de relaciones entre individuos y bienes, por lo que el valor de uso o utilidad juega un rol esencial en sus respectivas esferas de estudio.

Valor de cambio:

El valor de cambio es también llamado por Marx simplemente **valor**. Mientras que el valor de cambio aparece a primera vista como una relación cuantitativa entre objetos, Marx devela detrás de esta apariencia una relación entre los productores de esos objetos, es decir, una relación entre individuos, una relación social, y por lo tanto, fiel a su definiciones que hemos visto antes, hace del valor de cambio una categoría esencial de la economía política. Aunque, dentro del modelo de producción simple de mercancías, los productores parecen estar trabajando aislados e independientes entre sí, el intercambio revela que están en realidad trabajando los unos para los otros. En definitiva, el valor de cambio pone de manifiesto que las mercancías son productos del trabajo humano en una sociedad basada en la división del trabajo, en la cual los productores llevan a cabo su tarea en forma privada e independiente. Aún a riesgo de ser reiterativo, enfatizaremos una vez más que las mercancías y su valor de cambio son un rasgo de un tipo de sociedad basada en las siguientes características: división del trabajo y producción privada.

Valor y Trabajo:

La exigencia que impone Marx a las categorías económicas de ser expresiones de relaciones sociales lleva naturalmente a la pregunta de cuál es la fuente u origen del valor de cambio: en la sociedad de producción simple de mercancías dicho fuente no puede ser otra que el trabajo humano, que es "el valor que yace escondido tras el valor de cambio".

El trabajo humano es el gasto de cerebro, nervios y músculos que llevan a la producción de bienes, que serán destinados al intercambio, y recíprocamente, los productos del trabajo son actividad humana materializada.

Así como Marx distingue dos tipos de valor el valor de uso o utilidad, y el valor de cambio o valor a secas, discierne también entre dos tipos de trabajo. Uno es lo que llama "trabajo útil", que es el que desarrolla el carpintero, el tejedor, herrero, etc., y que dan como productos los bienes que satisfacen determinadas necesidades, creando valores de uso. Entonces, el trabajo útil es la fuente del valor de uso, y como aquel, cae fuera del ámbito de estudio de la economía según Marx.

Por otro lado, el valor de cambio de una mercancía, o valor, es creado por el gasto de trabajo humano en general, inespecífico, al cual llama "trabajo abstracto", y que es el consumo de potencia laboral de los productores. Este trabajo abstracto es pues la fuente del valor de cambio de las mercancías, y sí corresponde estudiarlo en la economía política marxista. Resumiendo este punto, Marx puede afirmar que la **fuente del valor** (de cambio) **es el trabajo** (abstracto).

También en este caso, dado que somos seres humanos, esta expresión nos resulta simpática dado que liga la noción de valor a nuestra actividad exclusivamente. Debemos recordar sin embargo que el razonamiento que ha llevado a formularla es el explicitado, y que está basada en definiciones estrictas de Marx que pueden ser o no compartidas por otros estudiosos.

El concepto de trabajo abstracto no es un aporte original de Marx. Como él mismo nos advierte, se encuentra presente con diferentes nombres en economistas clásicos como Benjamin Franklin, Adam Smith y David Ricardo, y las diferencias entre dichos conceptos en realidad son de detalle. No se trata de un trabajo abstracto en el sentido de misterioso o metafísico, sino en el de trabajo genérico, no relacionado con una actividad específica o particular. La sociedad capitalista ha hecho permeables en gran medida las fronteras entre profesiones y oficios, las cuales son cruzadas por grandes contingentes de trabajadores que migran de trabajos obsoletos a otros más actualizados, mediante una cierta recapacitación laboral. Por ello, lo decisivo para una sociedad en un momento determinado no es cuantos trabajadores existen en una y otra rama de actividad consideradas como compartimentos estancos, sino el total de la fuerza laboral y su grado de desarrollo. Esto no implica negar que la movilidad laboral de un puesto a otro y de una región a otra no siempre es indolora, pero si significa que en el capitalismo un trabajador cuyo oficio ha quedado obsoleto no está necesariamente condenado a la inactividad y la miseria, sino que puede reinsertarse en otras esferas de producción, en un grado inalcanzable en tiempos pasados.

Teoría del Fetichismo

La teoría del Fetichismo juega un rol central en la economía política de Marx.

En la economía capitalista, signada por la producción de mercancías, los productores raramente entran en contacto entre sí, y el carácter social del proceso se pone de manifiesto en el acto del intercambio. El productor se encuentra con los usuarios del producto de su labor a través del mercado, donde se pactan cantidades y precios de mercancías intercambiadas. Lo que debiera ser una relación social entre productores- argumenta Marx- asume a los ojos de los hombres la "fantástica" forma de la relación entre cosas, dinero incluido. La relación social es "cosificada". Las mercancías se separan de sus productores y se plantan frente a ellos imponiéndoles sus propias reglas de cambio; en definitiva las cosas dominan a sus creadores.

En tiempos pretéritos, según el pensamiento marxista, las relaciones de cambio tenían un carácter personal: un alfarero se encontraba físicamente e intercambiaba sus vasijas con un tejedor que le proveía sus telas, y un cazador cambiaba sus liebres con un cestero. La cosificación no existía y el carácter social de la relación se ponía en evidencia. No había mercado que se interpusiera entre los productores y les dictara sus reglas.

¿Qué pensar de esta última afirmación? Salvo en el caso de un cazador y un tejedor que vivieran solos en su mundo, separados de toda otra colectividad humana (en cuyo ejemplo es dudoso que pudiéramos hablar de una relación "social"), los productores que se reunían personalmente no lo hacían en el vacío. Una serie de intercambios los precedían, y ciertos parámetros eran tomados en cuenta al cambiar liebres por cestas. Marx mismo dedica mucho esfuerzo a este tema al desarrollar su teoría del valor trabajo. Es decir, que dentro de la trama de intercambios había elementos que preexistían al encuentro entre los productores y les fijaban ciertos valores de referencia, en particular la relación entre los esfuerzos requeridos para lograr uno y otro producto, como propondrá en definitiva

Marx. Los rudimentos de los conceptos que luego cristalizarían en los mercados ya existían y estaban en el exterior de los productores que se acercaban a negociar.

¿Cuál es la razón de que Marx asignara tanta importancia a este tema? Al cosificarse los términos de intercambio, y colocarse los llamados "factores de producción" (tierra, trabajo, capital) fuera y enfrente de su poseedores, los defensores del sistema vigente atribuyen a cada uno de esos factores la propiedad de poder generar un ingreso para su propietario, los que negocian la distribución de la renta entre salarios, beneficios, renta, intereses. Así, los agentes económicos entran entre sí en relaciones que terminan erigiendo una vasta superestructura ética y jurídica, dando la impresión de que se trata de negociaciones entre iguales, cada uno con derecho a percibir una categoría de ingresos (salarios, ganancia, etc.). Esto oscurece, en el pensamiento marxista, la verdadera realidad de explotación que subyace en la esencia del capitalismo y le brinda un barniz aceptable. Lo que ocurre es que el propósito último de la economía política marxista no es otro que desnudar los conflictos de clase subyacentes en la producción de mercancías, forma en que la elaboración de bienes se expresa en el capitalismo. Por ello busca poner de relieve que las mencionadas relaciones económicas y la superestructura que forman no son una característica necesaria y natural de todo tiempo y lugar, sino sólo la forma que adquieren en una etapa histórica dominada por el capitalismo.

Volviendo a la teoría del fetichismo, subsiste la pregunta si las relaciones entre las personas y los restantes factores de producción son sólo una apariencia, un fantasma, un fetiche, como argumenta Marx, y si la única relación real es la que existe entre los productores. Esto equivale a sacar del estudio a las relaciones objetivas entre categorías económicas distintas (personas y cosas). En la historia, pese a la similitud entre procesos ocurridos en distintos sitios, la disponibilidad de recursos y los avances tecnológicos han condicionado fuertemente el grado de desarrollo de las sociedades respectivas. La condición de relación entre productores y cosas no afecta para nada su carácter social.

Una cosa es privilegiar las relaciones entre productores para dilucidar las características de ciertas relaciones, abstrayendo provisoriamente de ese nivel las relaciones con cosas (productos, mercados, niveles de precios) con el compromiso de reintroducirlos en un nivel de abstracción menor, y otra cosa es atribuir a tales elementos un carácter irreal y fantástico.

CAPÍTULO 3

Teoría Del Valor

El problema del valor cuantitativo o teoría del valor, creación de Marx aunque basada en algunas ideas preexistentes, juega un papel central en la construcción de su economía política.

Marx parte de una premisa evidente: en todo momento existe en una sociedad una fuerza total de trabajo. Cada tipo histórico de sociedad distribuye esa masa laboral total en ramas particulares de producción de acuerdo a leyes que son específicas para ese tipo de sociedad, y que en definitiva dependen de otras leyes más amplias de funcionamiento de la misma. Pero, enfatiza el autor, siempre hay una ley presidiendo esa distribución, no es un proceso arbitrario o al azar.

En una sociedad productora de mercancías, en particular la sociedad capitalista, el valor de cambio de aquellas es el aspecto esencial que gobierna la asignación de recursos productivos entre las distintas ramas, y la teoría del valor es la llave que lleva a cabo dicha distribución.

Nuestro estudioso parte de dos constataciones obvias: cada una de las mercancías absorbe una parte de la fuerza total de trabajo de la sociedad, y ellas se intercambian en el mercado de acuerdo a ciertas proporciones que son relativamente estables y no parecen arbitrarias. ¿Ahora bien, cual es la relación entre ambos hechos: absorción de una parte de la fuerza total de trabajo y relación de intercambio?

Marx presupone que hay una correlación entre el tiempo de trabajo que se dedica a producir una determinada mercancía y su valor de cambio. No se trata de una relación genérica o una cierta vinculación laxa de ambos valores sino de una proporcionalidad directa (con ciertas precisiones que efectuaremos luego). De aquí se infiere entonces que la fuente del valor de cambio o simplemente valor es el contenido de trabajo de un bien determinado, medido en unidades de tiempo de trabajo. En definitiva, el valor de una mercancía depende de la fuerza de trabajo necesario para su producción,

En necesario agregar una precisión sobre el concepto fuerza de trabajo; la misma es también una mercancía, y por lo tanto corresponde calcular su valor utilizando la ley general: el valor de la fuerza de trabajo está determinado por el tiempo necesario para generar esa mercancía, en este caso el tiempo requerido para producir los bienes de subsistencia necesarios para mantener y reproducir al trabajador y su núcleo familiar.

¿Cómo afronta el creador de la economía política las obvias diferencias de productividad que existen entre diferentes individuos, originadas en su capacitación y destreza laboral, en su actitud hacia el trabajo, en su laboriosidad o pereza, en su inteligencia o en otros factores individuales? Lógicamente una mercancía producida por un trabajador perezoso o poco diestro no tendrá en el mercado mayor valor que la hecha por un obrero diestro y altamente calificado, simplemente por el hecho de que el primero tarda más en producirla, o sea consume más tiempo de trabajo: Marx soluciona este problema aclarando que lo que realmente cuenta no es el tiempo de trabajo de un obrero individual u otro, sino que el significativo es el que llama el "tiempo socialmente necesario" para la producción del bien. Es decir, en cada medio social hay un tiempo que se demora en fabricar un bien dado con el grado de equipamiento, pericia y contracción al trabajo que son habituales en esa sociedad, una especie de tiempo promedio.

¿Cómo afrontar el reto que presenta al teoría el tiempo empleado por un trabajador altamente calificado? Nuestro autor lo resuelve arguyendo que el trabajo calificado es equivalente al trabajo simple socialmente necesario, pero intensificado, o multiplicado por algún factor dado; es decir una unidad de tiempo de trabajo calificado equivale a más de una unidad de trabajo simple.

¿Cómo se puede calcular la equivalencia entre la unidad de trabajo calificado y la de trabajo simple?: obviamente no se puede tomar como la relación entre los valores creados por uno y otro, pues esto conduciría al razonamiento circular siguiente: el trabajo calificado crea más valor que el trabajo simple, y esto es así porque el valor creado es mayor.

Dejando de lado las aptitudes diferenciales entre un trabajador y otro, ya tenidas en cuenta por el carácter promedio del trabajo socialmente necesario, Marx explica que la intensificación del trabajo calificado se produce por la capacitación o entrenamiento recibidos previamente. Para cuantificar la diferencia de productividad de ambos obreros, el capacitado y el simple, establece una proporción entre la vida útil laboral en horas del obrero calificado, y el tiempo en horas que insumió su capacitación, incluyendo su propio tiempo de aprendizaje y el de sus entrenadores. Si ese tiempo socialmente necesario para su capacitación equivale a, digamos el 50% de la vida útil, cada unidad de tiempo de trabajo calificado equivaldrá a 1, 5 unidades de trabajo simple.

Esta contabilidad sencilla con la que Marx creyó haber resuelto las diferencias de productividad entre trabajadores, que difícilmente se podían ignorar a la hora de evaluar el valor creado por ellos (cualquiera sea la interpretación de la palabra valor, tema sobre el que volveremos) presenta facetas problemáticas cuya impacto se han acrecentado en el tiempo. Volveremos sobre este tema más adelante

Valor en la economía simple:

Nada mejor para ilustrar el funcionamiento de este concepto en un mercado de economía simple o primitiva que el conocido ejemplo (utilizado por Marx) de la negociación de intercambio de productos entre un cazador de venados y otro de castores. Si la caza de un castor insume el doble de tiempo que la de un venado, la única posibilidad para intercambiarlos en forma equitativa es precisamente en esa proporción, dos venados por un castor. Si se cambiaran en otra proporción, por ejemplo uno a uno, nadie cazaría castores y todos se dedicarían a la caza de venados. Pero por otro lado un nuevo factor entra en juego: si los castores se cazan únicamente para la confección de gorros, mientras que el venado es la base de la alimentación de los pueblos cazadores, es lógico que la necesidad de cazar estos últimos será mucho mayor que la de los primeros. Es decir que al lado de los factores de la oferta aparecen los de la demanda. Como veremos un poco más adelante dentro de este mismo capítulo. Marx, a diferencia de economistas contemporáneos, no dedicó mucho espacio a los estudios de demanda, Hemos de notar que encontramos en este ejemplo, no solo pre capitalista sino pre agrícola, los elementos que definen el intercambio en la sociedad burguesa: producción para el intercambio basada en la división del trabajo, la existencia de un rudimento de mercado, y una mecánica de determinación del valor de las mercancías que resultan aplicables al capitalismo. Esto no se contrapone de ninguna manera con las enseñanzas de nuestro pensador, que enfatizaba que lo característico y diferenciador del capitalismo es que la producción de mercancías es prácticamente la forma exclusiva que se desenvuelve en dicho sistema

Valor y precio I:

Hemos visto que en la terminología marxista valor es sinónimo de valor de cambio, o sea la relación en la que se intercambian las mercancías entre sí. Pero no se trata de una magnitud que esté en condiciones de reemplazar el precio de los bienes, que como sabemos tiene muchos componentes, muchos de ellos sumamente volátiles. En efecto además de su contenido de mano de obra los precios reales están determinados por una constelación de factores incluyendo su escasez o abundancia relativa en el momento de la transacción, contenido de materia primas diversas, novedad, existencia y precios de productos sustitutivos, factores estacionales, razones macroeconómicas y un largo etc. Todo esto produce una mayor o menor variabilidad de los precios, a veces en intervalos cortos de tiempo Hay en verdad una imposibilidad fáctica de usar el valor en su concepción marxista en lugar del precio.

Con el objeto de llegar a una conciliación entre ambos conceptos, Marx argumenta que el valor es el monto al que debe confluir el precio de un bien en circunstancias de equilibrio de las cantidades ofrecidas y demandadas. En sus propias palabras: "en el momento en que la oferta y la demanda se equilibran, y por lo tanto dejan de actuar, el precio de mercado de una mercancía coincidirá con su valor". Es sugestivo que Marx haga una de sus raras menciones a la demanda en este contexto.

Rol de la demanda:

En efecto, la demanda y los deseos del consumidor jamás formaron parte de la economía política marxista, y esta negligencia ha tenido peso en la disconformidad de las poblaciones con la escasez característica de las sociedades colectivistas, y el hastío de los ciudadanos por esta circunstancia fue sin dudas un ingrediente en la caída de la URSS y el bloque soviético.

Las razones del desprecio marxista por el rol de la demanda y en definitiva del consumidor deriva de dos razonamientos convergentes.

Por un lado el hecho de que las diferencias de clase ejercen un papel determinante en la demanda, al limitar los gastos que puede realizar el proletariado. Esto lleva a presumir (con plena razón en su momento y aun hoy en buena medida) que la demanda de la clase obrera se reduce a aquellos bienes de subsistencia absolutamente imprescindibles, y no tiene mayores misterios, no justificando por ello un tratamiento teórico extenso

En efecto, para el proletariado y para la sociedad en conjunto, la realidad es que siempre los recursos son insuficientes para afrontar necesidades infinitas. Esto sin embargo no fue un obstáculo para que otras escuelas de pensamiento económico desarrollaran estudios exhaustivos sobre la demanda y el papel de los consumidores, que dio importancia a la satisfacción de las necesidades de estos, lo que se pone de relieve en las actuales sociedades de consumo.

La otra razón por la cual Marx despreció el papel de los consumidores es que según su expresión estaba buscando, "la ley económica de movimiento de la sociedad moderna", o sea los motores del cambio, y atribuyó a la demanda un carácter reactivo, no dinámico ni determinante de dicho cambio, creyendo que sólo puede moverse al compás de los otros factores. Difícilmente se puede hoy día compartir esta conclusión, teniendo en cuenta los vertiginosos cambios en los productos demandados, el éxito de determinados bienes y el fracaso de otros, las amplias divergencias mundiales en la demanda de bienes, y aún dentro de una sociedad determinada, los desfasajes por ejemplo de diversos grupos etarios. Los cambios en la demanda han producido mutaciones de la oferta de bienes de gran magnitud, y su carácter puramente reactivo es puesto en duda por la dificultad en predecir cuales productos tendrán éxito y cuales fracasarán. Aunque tal análisis pertenece a un menor nivel de abstracción al que se movía Marx un análisis de la demanda resulta esencial en una teoría económica. Lo que ocurre es que no figuraba en sus prioridades por no ajustarse a su esquema central.

Limitaciones de la teoría del valor trabajo:

Hay diversas consideraciones que limitan la aplicación de la teoría del valor en la práctica. Esto ocurre cuando descendemos en el nivel de abstracción en dirección de una mayor aproximación a la realidad. Veremos algunas de ellas:

1) Dijimos que en situaciones de equilibrio entre oferta y demanda, los precios tienden a los valores. Un primer problema con esta interpretación es el mismo concepto de equilibrio.

El mismo Marx dedica buena parte de su obra (que veremos en los capítulos especialmente dedicados a ellas) a las crisis del sistema capitalista, y auguraba que las mismas serían más frecuentes y más fuertes, hasta poner en peligro la estabilidad del sistema y eventualmente provocar su caída. Estas crisis son básicamente apartamientos más o menos violentos de los equilibrios económicos. Tanto en los mencionados estudios de Marx como en los de economistas posteriores de otras escuelas, incluyendo Schumpeter, queda en claro que los desequilibrios constantes y grandes fluctuaciones no son una característica indeseable pero marginal del sistema capitalista, sino su medio normal de autodepuración y crecimiento (dedicaremos algunos párrafos a la interpretación de Schumpeter en los capítulos dedicados a las crisis). Por supuesto, los gobiernos tratan de evitar las consecuencias más devastadoras de dichas crisis y fluctuaciones mediante políticas anti cíclicas con el objeto de preservar a las poblaciones de dolores extremos y conservar su propia estabilidad como gobiernos. En todo caso, que las mutaciones y desequilibrios son una constante en el sistema económico es innegable. Esto se traduce en la experiencia cotidiana de que los precios varían permanentemente, y que lo hacen en una forma que claramente no está basada en el tiempo de trabajo necesario para la obtención de las mercancías. En realidad los empresarios toman sus decisiones de precios no en función de sus valores de tiempo de trabajo, sino de su estructura total de costos. En estas estructuras el costo de la mano de obra (Aclaramos: no su valor sino su precio) es uno de los factores junto con los de las materias primas, los materiales auxiliares, los gastos de energía e infraestructura, amortizaciones, intereses, impuestos y otros insumos. Asumir que cada uno de ellos se mueve a su vez en torno a su respectivo valor carece de realismo.

2) En realidad lo que Marx tenía a la vista en su tiempo era un universo laboral en el cual la proporción de obreros calificados era pequeña, y en la cual la diferencia de calificación entre los especializados y los obreros simples era relativamente reducida. En este contexto, en realidad el autor podía hacer uso de la abstracción (como vimos en el

Capítulo 1 cuando tratamos los aspectos metodológicos) e ignorar la amplitud de dichas diferencias de productividad, asignándoles una importancia relativa. Esto es dudosamente cierto en la actualidad, cuando las diferencias de productividad entre distintos trabajadores son enormes, según su profesión, equipamiento, capacitación, ubicación geográfica, contexto productivo en el que actúan, cuestiones organizativas, etc., y no pueden ser compensadas por el algoritmo propuesto en base al cociente entre su vida útil laboral y el tiempo social invertido en su entrenamiento, el que hoy luce claramente insuficiente.

3) En el siglo XIX, la idea de que el factor decisivo del "valor" era el contenido de fuerza de trabajo o mano de obra era autoevidente. Las industrias eran fundamentalmente manufactureras, y aun en las industrias de procesos como la siderúrgica, o mecanizadas como la textil, los contingentes de obreros eran muy numerosos e intervenían en muchas etapas de producción. Con la mecanización, la automatización, la computarización y la robótica en los

procesos industriales y económicos en general, esto ha cambiado decisivamente y la incidencia del rol de la mano de obra ya no es tan manifiesta.

Rol de la Teoría del Valor:

En una sociedad productora de mercancías, como la capitalista, el valor de los bienes regula las fuerzas que determinan: i) las tasas a que se intercambian los bienes entre sí, ii) las cantidades de cada mercancía producida y iii) la distribución de la fuerza de trabajo entre distintas ramas de producción. La teoría del valor trabajo de Marx intenta explicar en función de que parámetros el capitalismo procede a resolver los puntos (i) a (iii), habida cuenta de que no hay una autoridad que fije esos valores.

La determinación en abstracto de que es lo que constituye el valor de un bien es en alguna medida subjetiva, y ha habido diversas teorías del valor en la historia, de acuerdo a las circunstancias en que la actividad económica se desenvolvía, y en cada caso la respuesta parecía intuitivamente correcta; por ejemplo: en la etapa mercantilista se concebía que el valor estaba determinado por la relación entre la utilidad del bien y su escasez, lo que dio lugar precisamente a la teoría de la escasez. En la etapa de explosión de la producción manufacturera surge la teoría del valor-trabajo de Marx (en realidad con antecedentes en economistas clásicos), y si alguien se impusiera hoy la improbable misión de formular una teoría del valor, es probable que hiciera alusión a contenido de *know how* o conocimiento científico y tecnológico corporizado por el bien en cuestión. En definitiva, la utilidad práctica de una teoría del valor es relativa, ya que como hemos visto, no asegura que las mercancías se intercambiarán efectivamente con referencia a sus preceptos.

CAPÍTULO 4

Plusvalía

Hemos comentado más arriba que el capitalismo no es la única sociedad donde ha tenido lugar la producción de mercancías, basada en la división del trabajo y el intercambio. Veremos ahora una de las características distintivas que separan al capitalismo, de otras formas anteriores de organización con producción de mercancías.

En la producción simple de mercancías, hemos visto a dos productores distintos, cada uno trabajando con sus herramientas de trabajo y otros medios de producción (tierra, edificios, instalaciones, animales de carga, etc.) encontrarse en el mercado e intercambiar sus productos, para subvenir sus necesidades y las de sus familias. En la economía capitalista los medios de producción son detentados por un grupo reducido de agentes- los capitalistas- mientras el trabajo es realizado por otro grupo. La diferencia con la producción simple es que el intercambio no se realiza entre dos propietarios de medios de producción, sino entre un grupo de poseedores de los mismos, y otro grupo que sólo posee su fuerza de trabajo para vender. Es importante recalcar que lo que venden los obreros no es su trabajo sino su fuerza de trabajo, es decir la capacidad para realizar trabajo, la cual venden al capitalista poniéndose a su disposición durante un cierto número de horas para llevar a cabo las tareas que se le encomienden. La compra-venta de fuerza de trabajo es, pues, la característica esencial del capitalismo.

Reiteramos que en la producción simple la razón que lleva al productor individual al mercado es obtener mediante el cambio los bienes de uso que le faltan; entra entonces en el mercado con mercancías (M1) y sale con mercancías (M2), por cierto distintas de las que llevó para vender. El circuito en este caso es pues M1-M2

Distinto es el caso del capitalista que entra en el circuito de Intercambio de mercancías. Originalmente posee una cantidad de dinero (que denotaremos con D1), el que gasta adquiriendo mercancías que están presentes en el mercado, incluyendo materias primas y materiales, fuerza de trabajo, y si recién se instala, maquinarias, edificios e instalaciones; llamaremos al conjunto de estos bienes M, de mercancías. Finalmente, luego del proceso de industrialización, si lo hay, sale a vender sus productos para cambiarlos nuevamente por una cantidad de dinero D2. Lógicamente esta cantidad D2 debe ser mayor que D1 para que todo el proceso tenga sentido, y el empresario tenga una motivación para su accionar. El circuito que recorre el capitalista en el acto de producción es pues:

$$D1-M-D2$$

De modo que mientras en el caso de la producción simple de mercancías la diferencia entre los bienes con los que cada productor entra y sale del intercambio es cualitativa, en el caso del capitalista, la diferencia entre las cantidades D en entrada y salida es cuantitativa.

La pregunta que se formula Marx es cuál es la fuente de la que procede esa creación de valor- a la que llama plusvalía- con la que se queda el empresario, ya que aduce razonablemente que no puede haber surgido de la nada. Analiza entonces los distintos factores de producción, para determinar cuál de ellos puede ser esa fuente. Descarta a los medios de producción, los cuales, argumenta, acrecen el monto de los bienes producidos transfiriéndoles parte de su propio valor: el total del valor en el caso de materia primas y materiales, y parte de su valor en el caso de maquinarias, instalaciones y edificios (lo que hoy denominaríamos depreciación o amortización). Pero el monto transferido a los productos se descuenta del valor de los medios de producción, los que son consumidos en el proceso; de esta manera no hay creación neta de valor, solo transferencia. Por ello los descarta como origen de la creación de valor.

Igualmente descarta al capital líquido o financiero, al cual no le atribuye poder de creación de valor, considerándolo desde ese punto de vista estéril.

Queda como única posibilidad el trabajo, al cual le asigna la facultad de generar la totalidad del nuevo valor creado en el proceso de producción.

Sobre el detalle íntimo de la creación de valor por parte del trabajador, Marx razona de la siguiente manera: el capitalista ha adquirido una jornada del obrero, por la cual ha convenido en pagarle una suma a cambio de, digamos doce horas de labor. Al cabo de una fracción de ese tiempo por ejemplo seis horas, el obrero ha creado valor por la misma cantidad que el patrón le pagará. Si la producción fuera a interrumpirse en ese momento, el capitalista no habría incrementado su patrimonio, solamente se habría resarcido de la suma abonado a su empleado, y no existiría plusvalía. Pero en realidad el obrero seguirá trabajando otras seis horas (en el ejemplo de Marx), y el producido en ese segundo período es lo que aumenta la riqueza de su empleador, y en definitiva, la fuente de todo valor. La plusvalía es en definitiva, el valor que crea el trabajador y que no le es remunerado.

De acuerdo con este análisis, el tiempo total de trabajo se divide en dos partes: el tiempo necesario para subvenir las necesidades vitales del obrero y su familia, y el tiempo para crear plusvalía. Lo específico del capitalismo no es, según nuestro autor, la explotación de los trabajadores, sino la explotación a través de la creación de plusvalía.

Como con todos los conceptos importantes del marxismo, nos detendremos unos instantes para reflexionar sobre la definición de plusvalía.

La totalidad de la economía política de Marx está orientada a poner de relieve la relación de subordinación entre capital y trabajo. Todas sus elecciones y definiciones están orientadas en este sentido, y la plusvalía juega un rol central en ese entramado. La decisión clave es a quien asigna el carácter de responsable de la creación de valor. Si, como Marx argumenta, solo el trabajo es portador de la capacidad de crear valor, el hecho de que el capitalista se apropie al final del ciclo de una porción de ese valor (la plusvalía), implica necesariamente que se la arrebató a su creador, el obrero. Esto implica que el origen de la ganancia empresaria es un despojo. Como dijimos, esta reflexión de Marx es coherente con sus elecciones anteriores y posteriores. Pero no todos están conformes con ese carácter exclusivo en la creación de valor. Otros economistas sostienen que sin la participación del capitalista, que es el que posee, reúne y organiza los factores de producción, incluyendo trabajo, tierra y edificios, maquinarias e instalaciones, materias primas y materiales y conducción, el trabajo por sí solo no podría pasar más allá del estadío de producción simple de mercancías, que ya vimos al comienzo; de esta manera es el propio capitalista la fuente de ese excedente de valor, y no se lo ha quitado a nadie. Sin ánimo de participar en una guerra de definiciones más o menos arbitrarias y subjetivas, se puede coincidir en forma general que es sólo la conjunción espacial y temporal de todos los factores enunciados antes, incluyendo particularmente el trabajo y el elemento organizador, sea éste de carácter privado o público, lo que permite la producción de ese excedente que seguiremos llamando plusvalía.

Es necesario además poner de relieve la importancia social de la existencia de plusvalía. Al margen de solventar los gastos privados-con frecuencia suntuarios- del capitalista, y a través del mecanismo de inversión productiva, la misma es la fuente de la creación de nuevas industrias, la ampliación de las existentes para afrontar una demanda creciente de una población en crecimiento y con necesidades siempre nuevas, y de generación de nuevos puestos de trabajo; también es la fuente en la que abrevan los impuestos que redistribuyen la riqueza brindando (lamentablemente no siempre) los servicios de salud, educación, seguridad, infraestructura, etc. de comunidades cada vez más complejas. La prolongada existencia de economías socialistas durante más de siete décadas no implicó la desaparición ni la disminución de la plusvalía, solo su destino y no siempre para beneficio de los trabajadores.

Análisis de los componentes del valor:

Marx halla tres componentes distinguibles dentro del valor de una mercancía. En primer término están los elementos que "no sufren una alteración en su valor cuantitativo durante el proceso de producción" y que por ello llama **capital constante** y lo denota con la letra **c;** esta parte del capital está representada por las materias primas, los materiales auxiliares (de empaque, etc.) y las maquinarias e instalaciones usadas en el proceso de producción, las que no sufren cambios en su valor en el sentido que lo incorporan al bien producido. La segunda parte, llamada **capital variable** y simbolizada habitualmente por la letra **v** experimenta cambios a lo largo del ciclo productivo, ya que no solo repone su propio valor sino que además produce, como hemos visto, un excedente. La tercera parte es precisamente esta **plusvalía** fruto del trabajo, designada con **s.** El valor total de una mercancía **w** es entonces la suma de las tres componentes:

$$w=c+v+s$$

Esta fórmula y sus componentes trascienden al valor de una mercancía aislada, y puede ser usada para analizar la producción de una empresa, sector económico o país durante un plazo determinado, por ejemplo un año. Haciendo una comparación con conceptos económicos modernos más familiares a muchos lectores, **w** denota la producción de una mercancía o industria a precios de venta, **c** al consumo de materias primas y amortizaciones de equipo, **v** los pagos de salarios y otras retribuciones, y **s** los beneficios e intereses que remuneran a los dueños del capital. El valor agregado por una empresa o rama industrial es la suma de **v+ s** más aquella parte de c que corresponde a las depreciaciones de equipos. El concepto de PBI (Producto Bruto Interno) de un país corresponde a la misma definición.

En términos contables, **v** y la parte de **c** que corresponde a materias primas y materiales auxiliares son parte del capital circulante, mientras que la parte de **c** que representa maquinarias e instalaciones constituye el capital fijo puesto en juego en el proceso de producción. Cabe agregar que sólo aquella parte de estas maquinarias e instalaciones que se consumen en cada ciclo de negocios (es decir lo que contablemente consideramos depreciación o amortización) forma parte del c considerado en la formación de **w**.

La fórmula **w= c+v+s** juega un rol destacado en la economía política marxista. Marx define varios cocientes entre sus términos, a los que da nombres propios, con el objeto de desarrollar su análisis.

Tasa de Plusvalía:

La tasa de plusvalía o de explotación es la razón entre la plusvalía **s** y el capital variable **v**, de acuerdo con la expresión:

$$s' = s/v$$

El numerador y el divisor de este cociente pueden estar dados en unidades de tiempo (horas de trabajo) o en dinero (asignándole un valor a cada hora de trabajo, remunerada o no), pero en ambos casos **s'** será un número adimensional (sin unidades) pasible de ser expresado como porcentaje. Por ejemplo, en el caso anterior en que el obrero trabajaba 12 horas diarias, y el tiempo necesario eran 6 horas, el valor de la tasa de plusvalía será:

s'= 6 hs / 6hs= 1, o sea una tasa de plusvalía del 100%

En definitiva   la tasa de plusvalía indica cuantas horas trabaja para el patrón en relación con las que trabaja para sí, es decir para sostenerse a sí mismo y a su familia.

El valor de la tasa de plusvalía puede ser aumentada por el capitalista (lo cual es lógicamente su objetivo) básicamente de tres maneras:

- Prolongando la duración de la jornada de trabajo y manteniendo fija las horas de trabajo necesario (las que le paga al obrero).

- Disminuyendo el trabajo necesario, o sea la parte de la jornada que abona al trabajador, lo cual implica bajarle el salario.

- Aumentando la productividad del obrero, por ejemplo mediante más y mejores equipos de producción, lo cual redundará también en una baja del trabajo necesario en horas en relación al total, aunque no en una merma del salario.

Obviamente, movimientos opuestos en dichas variables significarán una baja en la tasa de plusvalía, los que no ocurrirán por voluntad del empresario, pero pueden suceder por ejemplo por la entrada en vigor de nuevas leyes laborales que limiten la duración de la jornada de trabajo o incrementen el salario, o por bajas de productividad de diverso origen (por ejemplo falta de energía eléctrica o que por fallas técnicas queden equipos fuera de servicio).

Marx supone que la tasa de plusvalía en una sociedad y en un momento determinado es homogénea en las distintas ramas de producción, a pesar de ser consciente de que ello no es estrictamente cierto. Sin embargo, razona, existen fuerzas en el interior de esa sociedad que tienden a uniformizarla, por ejemplo la migración de fuerza de trabajo de una rama a otra en busca de una menor explotación, y la desinversión del capital de ciertas ramas y su reinversión en otras de mayores tasa de plusvalía.

Nuevamente nos preguntaremos sobre la realidad de esta forzada homogeneización de las tasas de plusvalía. Lo que buscan los obreros al desplazarse de una industria a otra no es una menor explotación medida por una tasa de plusvalía inferior, sino simplemente un mayor salario. Es cierto que para una misma empresa con un grado fijo de mecanización, a mayor plusvalía menor salario, pero el razonamiento no se extiende a empresas distintas en diversas ramas de producción, con diferente grado de automatización etc. Este tipo de homogeneizaciones forzadas, basadas en la aplicación irrestricta de la abstracción, puede generar distorsiones en la teoría marxista, las que analizaremos más adelante.

Composición orgánica del capital:

Básicamente es la relación entre el capital constante y el capital total invertidos en una empresa, rama de la industria, etc. Podemos expresarla como:

$$q = c/(c+v)$$

Denota pues la cantidad de materias primas, equipos e instalaciones productivas de una industria como fracción o porcentaje del capital total utilizado, incluyendo lo anterior más la mano de obra. No es la simple relación del equipamiento que se suministra a la mano de obra para aumentar su productividad, pues en c está incluido el valor de los materiales, que suele ser de magnitud preponderante frente a la amortización de los equipos.

El valor que la composición orgánica del capital depende de los siguientes factores, entre otros:

- El nivel de salarios, cuyo aumento produce una baja relativa de **q**, por hallarse **v** en el denominador.

- El grado de equipamiento, cuyo aumento produce un incremento de **q**, ya que **c** tiene más preponderancia en el numerador que en el denominador.
- La productividad del trabajo, producto del ítem anterior, y que influye disminuyendo la parte de **v** respecto a **c**
- Los costos de las materias primas, cuyo crecimiento también produce el de **q**.

Tasa de ganancias (o de beneficios):

Es el valor indudablemente crucial para el empresario. Marx lo define como el cociente entre la plusvalía y el capital total empleado en la producción de una mercancía, con arreglo a la fórmula:

$$p = s/(c+v)$$

La primera observación que cabe hacer es que se identifica aquí a ganancia con plusvalía, ignorando que de la plusvalía no todo queda en el bolsillo del empresario, sino que de allí debe pagar rentas, impuestos e intereses, que son una parte no menor del total.

Por otro lado, la formula dada puede referirse a una mercancía determinada, analizada aisladamente y puntualmente, mientras que el concepto de ganancia se asocia con el beneficio que una empresa obtiene al cabo de un período dado, por ejemplo un ejercicio contable anual, un trimestre, etc. Esta distinción es importante porque el capital usado en un período no es la simple suma del capital usado para fabricar cada una de las mercancías producidas en ese lapso, dada la rotación del capital. Además, cada factor de producción (tierra, edificios, maquinarias, materias primas, mano de obra etc., rota con una velocidad distinta. Marx realiza introduce sin embargo la hipótesis de que todos los elementos del capital rotan con la misma velocidad, y lo hacen una vez al año o en el período de análisis elegido; esta abstracción de las distintas velocidades de rotación trae aparejada nuevamente una distorsión que variará de industria en industria.

Vamos a ver a continuación cual es la relación (si es que la hay) entre los tres indicadores que hemos definido hasta aquí: la tasa de plusvalía **s'**, la composición orgánica del capital **q**, y la tasa de ganancia **p**. El lector que no esté interesado en la demostración algebraica puede pasar directamente a la fórmula denotada por (A).

A partir de la definición de tasa de ganancia multiplicamos numerador y denominador por v, lo cual no altera la ecuación:

p= s/(c+v)= sv/v(c+v), al numerador le sumamos y restamos sc

p= sc+sv-sc/ v(c+v) =s(c+v) − sc/ v(c+v) = s (c+v)/ v(c+v) - sc/ v(c+v) = s/v- s/v. c/(c+v)

Pero s/v= s`, y   c/(c+v)=q, reemplazando:

p=s' (1-q)   (A)

Vemos en esta ecuación que efectivamente los tres indicadores están relacionados. La relación consiste en que el incremento de la tasa de plusvalía produce un aumento de la tasa de ganancia, mientras de que el incremento de la composición orgánica del capital la hace decrecer.

También en el caso de la tasa de ganancia (definida en la forma vista) Marx introduce la hipótesis de la uniformidad de la misma en las distintas empresas de una rama de la industria, y entre las distintas ramas entre sí. La justificación que da para este caso coincide con dada para la tasa de plusvalía, es decir, la migración del capital buscando salir de ramas de bajas ganancias. Sin embargo, dada la forma en que **p y s`** están vinculadas por la fórmula (A), en ese caso también debiera ser uniforme la composición orgánica del capital entre las distintas industrias. Esto lo podemos comprobar suponiendo dos industrias (1) y (2). Aplicando la fórmula (A) a ambas tendremos:

P1= s´1 (1- q1)

P2= s´2 (1- q2)

Si postulamos la igualdad de tasas en todas las ramas, tendremos que:

$P1=p2$

$s'1=s'2$

Ello solo se podrá cumplir si:

$q1=q2$

Ahora bien, este no es absolutamente el caso, y no solo existen grandes diferencias entre las composiciones orgánicas del capital **q** entre industrias distintas, sino que no hay signos de que existan fuerzas que tiendan a equilibrar esas diferencias. En efecto, la composición orgánica de industrias capital intensivas por un lado, y de industrias y servicios mano de obra intensivos por otro son ampliamente diferentes, y no se puede justificar su igualación.

Marx, que era probablemente consciente de esta dificultad, decide sin embargo ignorarla y asumir una composición orgánica del capital uniforme en todas las industrias ya que de lo contrario peligraría toda la estructura de su teoría del valor.

¿Qué ha ocurrido aquí? Lo que efectivamente tiene una tendencia a uniformizarse en la economía real es la tasa de ganancia, pero no calculada como lo hace Marx para una mercancía en particular y luego extrapolándola a todo un período, sino teniendo en cuenta lo observado anteriormente sobre las velocidades de rotación de cada factor de producción. Es por esa tendencia que los capitales migran de industrias obsoletas y poco redituables a otras más promisorias. Ni la tasa de plusvalía ni la composición orgánica del capital son determinantes que puedan producir desplazamientos de capital, sino sólo lo es la posibilidad de beneficios en el ciclo anual.

Vemos pues como la serie de abstracciones realizadas por Marx llevan a distorsiones que contradicen la realidad. Esto se ampliará en los capítulos siguientes.

CAPÍTULO 5

Acumulación

El tema de la acumulación es absolutamente central en el análisis marxista del capitalismo. Comenzaremos este capítulo con el estudio del caso más sencillo que aunque poco realista, nos dará una aproximación al objeto de interés.

Reproducción simple:

En la reproducción simple el sistema bajo estudio, una economía nacional por ejemplo, mantiene permanentemente el mismo tamaño y la misma distribución entre sus diversas partes integrantes. Ello implica que repone los bienes de uso desgastados en el curso del año, sin producir equipos productivos adicionales, y que tanto los empresarios consumen toda la plusvalía y los trabajadores todo su salario en bienes de consumo, los que son los mismos período tras período.

Para orientar el análisis, supondremos que la economía se divide en dos grandes sectores, uno de fabricación de bienes de producción (que como sabemos incluye maquinarias, instalaciones y materias primas) al que llamaremos I, y otro sector II que produce bienes de consumo, tanto para empresarios como para obreros.

Aplicando la fórmula del valor total que vimos en capítulos anteriores a cada uno de los sectores tendremos:

$$\text{Sector I) } w_1 = c_1 + v_1 + s_1 \quad (1)$$

$$\text{Sector II) } w_2 = c_2 + v_2 + s_2 \quad (2)$$

De modo que el valor producido en el sector de bienes de producción es la suma del capital constante c_1 usado en el mismo, más los salarios v_1 pagados a sus obreros, más la plusvalía ganada por sus empresarios s1. Lo mismo ocurre en el sector II.

Para que se cumpla la condición definitoria de la reproducción simple, el valor de bienes de producción creado en el sector I, según la fórmula (1), será comprado y consumido en el ejercicio siguiente por ambos sectores I y II, es decir, la oferta de bienes de (1) es idéntica a la demanda de bienes de producción de ambos sectores:

$$w1= c1+v1+s1= c1+c2 \quad (3)$$

Por otra parte, la oferta total de bienes de consumo producidos por el sector II y reflejada por la fórmula (2), será íntegramente consumida por los capitalistas de ambos sectores (s1+s2) y por los obreros de los mismos (v1+v2):

$$w2=c2+v2+s2= v1+s1+v2+s2 \quad (4)$$

Simplificando c1 en ambos miembros de la ecuación (3), y v2+s2 en la (4), se llega en ambos casos a la expresión:

$$v1+s1=c2 \quad (5)$$

Es decir, que la condición para la reproducción simple es que el capital constante (maquinarias, instalaciones y materias primas) usado en el sector de bienes de consumo sea igual en valor a la suma de los bienes consumidos por los obreros (v1) y por los patrones (s1) del sector de bienes de producción. Esta condición asegura que la economía permanezca sin cambios en el tiempo.

Como quedó expresado, la condición es poco realista, ya que ni siquiera contempla el aumento de la cantidad de bienes necesaria para afrontar el crecimiento demográfico, pero brinda un marco conceptual para el tratamiento que sigue.

La acumulación capitalista:

En el proceso de reproducción simple hemos visto que el capitalista gasta todo su ingreso proveniente del proceso de producción, es decir la plusvalía, en mantener su consumo en un nivel constante: No es sin embargo la falta de aumento de ese nivel lo que nos interesa sino el hecho de que el objetivo del capitalista pareciera ser el consumo en sí mismo. Hemos visto en capítulos anteriores que el empresario recorre en un ciclo económico el trayecto

$$D1-M-D2$$

Donde D2, la cantidad de dinero al final del ciclo, debe ser mayor que la cantidad inicial D1 para que la labor del empresario tenga sentido. Es decir que el objetivo del capitalista en cuanto tal jamás puede ser el consumo sino la multiplicación de su capital. Este rasgo lo diferencia cualitativamente del señor feudal, uno de cuyas motivaciones principales era aumentar su consumo y el de su corte.

El objetivo del capitalista al aumentar su capital es crear un excedente para poder invertirlo en el próximo ciclo de negocios, con el propósito de obtener a su vez una plusvalía mayor que la del ciclo actual, e invertirla en el ciclo siguiente, y así aumentar sucesivamente su giro en forma indefinida. Hemos definido la esencia del proceso de acumulación en su rasgo principal, y hemos de decir que esta es la fuerza impulsora del sistema capitalista, de la cual se deriva todo su ímpetu y poder transformador.

Lógicamente, una parte de la plusvalía **s** que el empresario obtiene de sus trabajadores en un ciclo de negocios dado, debe efectivamente emplearlo en subvenir sus necesidades y las de su familia y dependientes, de modo que existe siempre en cada patrón individual una competencia entre su tendencia a consumir y su predisposición a ahorrar y reinvertir. En la economía clásica llaman a esto el "principio de abstinencia ", según el cual el capitalista se sacrifica absteniéndose de consumir para poder reingresar ese ahorro en el proceso productivo. Marx se mofa de ese rasgo virtuoso aduciendo que en realidad lo que el capitalista busca es aumentar la cantidad de gente que explota, y su posición y prestigio en la sociedad, las que dependen solamente del monto de su capital, y que es esto y no el consumo aumentado lo que le produce placer. Se piense lo que se piense de las razones subjetivas del empresario, las que seguramente variarán de persona en persona, lo cierto es que el crecimiento de la economía en su conjunto depende críticamente de que los dueños de empresas recorran reiteradamente el ciclo D1-M-D2 y de que reinviertan el máximo de sus utilidades en su negocio. El reemplazo de capitalistas individuales por accionistas y sus gerentes al frente de las empresas grandes y medianas no modifica sino que confirma las tendencias expuestas, ya que no dependen de deseos individuales sino del rol que cumplen dentro del mencionado ciclo D1-M-D2. Las empresas públicas también buscan obtener un beneficio, de modo de poder aumentar su dimensión y poder servir a un número creciente de usuarios y clientes, a la vez de brindarles prestaciones más extendidas y mejores.

El ejército industrial de reserva:

De acuerdo con la teoría de Marx, el valor de la fuerza de trabajo está dado por el monto de medios de subsistencia necesarios para mantener al obrero y a su núcleo familiar. Ese es un valor de equilibrio en el cual volverá a establecerse el salario si ha habido desviaciones por alguna razón   circunstancial.

Ahora bien, el proceso de acumulación incrementa los requerimientos de los distintos factores que intervienen en el proceso de producción, en particular de la fuerza de trabajo. En general, por la ley de la oferta y la demanda, que Marx reconoce, al aumentar la demanda de un bien determinado subirá su precio, hasta que la oportunidad ofrecida a los empresarios de ganancia extra produce una migración de inversiones hacia la producción del bien en cuestión, incrementando su volumen y produciendo una tendencia a la baja, hasta restablecer el equilibrio preexistente, con lo que el precio convergerá nuevamente a su valor. Pero este razonamiento, válido para materias primas y maquinarias, no lo es para la mano de obra; el hecho de que suban los salarios no producirá un incremento de la población ni de la oferta de fuerza de trabajo en un plazo conmensurable con los ciclos de negocios, por lo que los ingresos se elevarán por encima del valor de dicha mercancía.

Esta es una violación seria de la teoría del valor, y ocurre justamente en uno de sus componentes principales; dado que la acumulación de capital es permanente, el precio de la fuerza de trabajo (es decir el salario) se alejaría siempre más de su valor en forma ascendente. No cabe duda de que esta constatación representa un reto a toda la teoría del valor de Marx.

Nuestro autor reacciona con la postulación de lo que denomina el ejército laboral de reserva. Una parte de la población que desearía obtener un trabajo no lo consigue y la mera existencia de este excedente de oferta laboral presiona los salarios hacia abajo, contrarrestando la presión alcista creada por la acumulación y sus siempre crecientes necesidades de mano de obra. El origen de este ejército de desempleados tiene varias fuentes según las circunstancias históricas de cada sociedad: por un lado se trata de población campesina que migra a las ciudades buscando mejores condiciones de vida, o empujadas por el hambre, sequías, plagas agrícolas, persecuciones o guerras; este proceso de urbanización sin duda ha creado excedentes de oferta laboral a lo largo de la historia de la humanidad, y ha sido el origen de los primeros contingentes asalariados.

Por otra parte, la introducción de maquinarias reemplaza mano de obra, alimentando ese excedente en forma permanente. Cada empresario trata de elevar su productividad individual, y el efecto conjunto de estas decisiones es el desplazamiento de mano de obra en tiempos de crisis, o bien la más lenta absorción de la misma en épocas de bonanza. De esta forma, el capitalismo evita la desaparición de la plusvalía, que de otra forma peligraría de ser absorbida por los aumentos permanentes de salarios, y logra la auto preservación del sistema.

A esta altura corresponde realizar dos observaciones sobre este proceso, siempre siguiendo a Marx: por un lado, el reemplazo de mano de obra por maquinaria tiene el efecto de aumentar la composición orgánica del capital, al crecer c a expensas de v, según la nomenclatura fijada en su momento; esto tiene consecuencias que analizaremos más adelante, en el contexto de la teoría de las crisis capitalistas.

Por otro lado, si por alguna circunstancia (por ejemplo la aparición de una nueva industria o la colonización de algún nuevo territorio o nicho de negocios) se produce un aumento importante de la demanda de mano de obra, la plusvalía disminuirá en favor del capital variable; esto tendrá el efecto de disminuir la tasa de acumulación y colocar un freno en el mismo proceso de aumento de la demanda de trabajadores: de esta forma, existe una suerte de mecanismo autorregulador del mantenimiento del ejército de reserva, y por lo tanto de preservación de la plusvalía. También volveremos sobre este tema al tratar de las crisis capitalistas.

La teoría económica clásica, formulada en coincidencia temporal con el Malthusianismo y en una época de fuerte crecimiento poblacional en Europa por introducción de medidas sanitarias con la consiguiente reducción de la mortalidad, preveía que la contrapartida que limitaría el crecimiento de salarios indefinido debido al proceso de acumulación capitalista sería precisamente el aumento de la oferta laboral, fruto de ese crecimiento demográfico. Es decir que para contrarrestar la caída de la tasa de ganancias suministraba un argumento poblacional. El poder explicativo de esta teoría disminuyó sensiblemente al estabilizarse el crecimiento demográfico en los países centrales en tasas menores.

Marx, aunque no desdeña el argumento poblacional, provee una explicación adicional para la limitación del nivel de salarios: el mecanismo autorregulatorio provisto por el ejército industrial de reserva, explicado por el propio desarrollo capitalista e independiente de teorías demográficas externas. La masa laboral empleada y el ejército de reserva se hallan en todo momento en una posición de equilibrio inestable, que cambia con el clima económico de bonanza, que alimenta a la primera a expensas de la segunda, o de depresión, con el efecto inverso. Podemos pensar a la masa laboral empleada y al ejército de reserva como dos compartimentos conectados entre sí, y por la conexión se producirán desplazamientos de uno a otro compartimento según la atmósfera económica de prosperidad o depresión del momento.

Por otra parte, el cambio tecnológico deja de ser para Marx un efecto imprevisible y aleatorio, que puede o no ocurrir, y pasa a ser un eslabón indispensable en el mantenimiento del ejército de reserva y por ende de la tasa de plusvalía.

Además los cambios en los métodos de producción, como parte de lo que nuestro autor llama infraestructura, modifica la superestructura institucional e ideológica de la sociedad. La relación de causalidad es la siguiente: los cambios en los métodos de producción originan modificaciones económicas y sociales entre los miembros de la comunidad, y tanto la cobertura institucional como la forma en que la sociedad se ve a sí misma se modifican a su vez en consecuencia. De allí su conocida y luminosa frase de que la "anatomía de la sociedad civil hay que buscarla en la economía política".

Como en los casos previos, resulta pertinente interrogarse sobre la validez y actualidad del planteo de Marx sobre los temas planteados en este capítulo, en particular sobre el ejército de reserva. Dentro de sus afirmaciones hay efectivamente varios hechos incontrastables: la existencia de desempleo en distintas proporciones es una constante del sistema capitalista y el hecho de que el avance tecnológico destruye puestos de trabajo también lo es. El efecto depresivo que el desempleo tiene sobre los ingresos de los trabajadores es también una realidad.

Lo que ocurre es que a diferencia de la etapa feudal, cada persona no tiene un papel fijo como siervo de la gleba o alguna otra forma de servidumbre, que por un lado le privaba de toda posibilidad de emancipación o mejora, pero por otro le aseguraba una existencia gris pero con menos sobresaltos. En el capitalismo, particularmente en las épocas iniciales y medias en las que escribía Marx, no hay red de contención y cada uno está librado a su suerte. La contrapartida de la inexistencia (al menos teórica) de techo a las posibilidades es la falta de piso (con frecuencia brutalmente real).

Tampoco existen los privilegios de los gremios medievales, con sus reservas de mercado: todo está sujeto a la competencia y al cambio, y tampoco existen aquí garantías eternas. Pocas de las empresas líderes de cualquier segmento de negocios a fines del siglo XIX existen al presente, el proceso de digestión de empresas es feroz y permanente.

Con el advenimiento moderno de la globalización, esto se ha visto agravado por la transferencia masiva de millones de puestos de trabajo a otras áreas que hasta hace poco no competían por ellos, con su carga de angustias y desocupación donde se produce la pérdida de empleo, en general países de Occidente.

También es cierto que los empresarios tratan de reemplazar el máximo de mano de obra por maquinarias, no como una acción específicamente apuntada a la clase trabajadora, sino dentro de un plan general de reducción de costos que abarca no sólo a la fuerza de trabajo, sino a las materias primas, demás materiales, la energía y los distintos servicios, etc. En realidad, si lo hacen para aumentar su prestigio en la sociedad como detentadores del capital, o por pura necesidad de supervivencia es controvertible.

Pero para ver el panorama completo debemos comprobar cuáles han sido las consecuencias de estas acciones a escala planetaria: todo tipo de bienes, antes producidos para pequeñas capas adineradas, son producidos ahora para enormes masas de consumidores, incluyendo en primer término los trabajadores, a precios accesibles para muchos de ellos. Aunque en la producción de cada unidad de cualquier tipo de bien hay ahora menor contenido de mano de obra, las escalas de producción multiplicadas al infinito han creado permanentemente nuevos puestos de trabajo, en muchos casos de mayor valor que los anteriores. Los trabajos más brutales han sido reemplazados precisamente por máquinas, y ya no es admisible el grado de explotación que era anteriormente la norma. El trabajo esclavo, el de niños y otras miserias humanas aún subsisten, pero como excepciones que en general son perseguidas por la sociedad en la mayoría de los países aunque lamentablemente no en todos.

La contrapartida de la desaparición de puestos de trabajo en Occidente fue la creación de cientos de millones de ellos en el Extremo Oriente, en países que no figuraban en el mapa productivo mundial.

El gran problema social hoy no es tanto la sobreexplotación del proletariado como la situación de aquellos que no llegan a obtener un trabajo, los marginados.

Valor y precio II:

Como hemos visto en el capítulo 3 referido al valor, Marx utiliza su concepto de valor en todos sus razonamientos y desarrollos matemáticos, lo que a veces resulta anti intuitivo dado que en general lo habitual es discurrir en términos de los precios que los bienes alcanzan efectivamente en sus respectivos mercados. Hemos ya explicado que el autor intenta calmar las ansias que este cambio pueda originar aduciendo que los precios, sujetos a vaivenes por causas múltiples, tienden sin embargo a gravitar hacia los valores una vez desaparecidas dichas causas fortuitas. Aunque el costo de mano de obra es un factor importante en la fijación de precios, es difícil comprobar si tal convergencia se da en la práctica, particularmente en nuestra economía actual, signada por una enorme cantidad de productos nuevos de base tecnológica.

Dentro de la economía política de Marx, existe otro factor a tener en cuenta: las cantidades basadas en el valor cumplen en dar cuenta de ciertas tendencias claramente comprobables, en particular la tendencia a homogeneizar las tasas de ganancias entre distintas ramas de la industria, causada por la migración de los capitales de áreas de baja a otras de mayor rentabilidad.

Para explicar teóricamente esta comprobación empírica, Marx plantea una serie de fórmulas basadas en el valor, tal como lo hemos definido, dividiendo las empresas en esta oportunidad en tres grandes compartimentos: uno dedicado a la producción de bienes de producción, o sea de lo que denomina capital constante; un segundo sector produce bienes de consumo para trabajadores, que integran el capital variable, y un tercer sector produce bienes para la clase capitalista, bienes de lujo. Para mantener la constancia del sistema en una hipótesis de reproducción simple, iguala la suma de lo producido por el primer sector con la suma de los capitales constantes de los tres sectores, de modo que los bienes de capital constante producidos igualen a las necesidades de toda la economía, que es la condición de la reproducción simple. Lo mismo ocurre con los otros dos sectores. Plantea una serie de ecuaciones de desarrollo tedioso, que no reproduciremos para mantener el interés del lector. Conservando la condición de que la composición orgánica del capital sea igual en las tres ramas las ecuaciones cierran bien, y son compatibles con la tendencia a tasas de ganancia uniforme en ellas, pero tan pronto se abandona esa hipótesis poco realista las mencionadas tasas difieren en forma directamente proporcional a la divergencia da las composiciones orgánicas. Esto está en flagrante contradicción con las comprobaciones experimentales de tendencia a la uniformidad de la tasa de ganancia **simultáneamente** con la divergencia de composición orgánica del capital.

Esta es una falla importante en la teoría, que pone en duda toda la ley de valor trabajo. Marx parece haberse percatado del problema e intentó una solución que probó ser insatisfactoria. Sus seguidores han probado numerosas teorías para salvar el problema, pero resultan tan alambicadas que resulta difícil juzgar su validez; en definitiva no puede considerarse que el tema esté resuelto.

¿A qué se debe la insistencia de Marx en definir todo en función del valor? La respuesta es que de esta manera queda en evidencia que una parte del valor, creado según el autor sólo por el trabajo, no es retribuido a la clase trabajadora sino que es expropiado por los capitalistas. De esta manera le permite definir la tasa de ganancia en función de la plusvalía, implicando que es su única fuente, mientras que trabajar con precios llevaría a definir la ganancia como producto de todo el capital, no solo de la parte variable. En definitiva, Marx sacrificó la validez matemática de sus razonamientos en aras de su propósito básico, que como hemos visto es poner de manifiesto la explotación del proletariado por la clase capitalista.

SEGUNDA PARTE

Crisis Capitalistas

A pesar de que se reconoce a Marx su aporte al tratamiento de las crisis económicas del capitalismo, no existe un análisis sistemático y centralizado del tema, por ejemplo en los tomos de El Capital. Lo que ocurre es que los tomos II y III no tuvieron corrección de Marx y contienen material importante pero no completo. Es probable que, de haber vivido más, Marx hubiera dedicado tiempo y energías a este aspecto.

Hay en cambio numerosas menciones y tratamientos fragmentarios en esa obra y otros sitios de su autoría, las que dieron pie para que sus sucesores intentaran completar el vacío usando conceptos adelantados por el autor.

En general se describe a las crisis como situaciones en las que los productores no pueden colocar entre sus clientes parte de sus productos los que se acumulan formando stocks que finalmente carecen de posibilidad de realizar su valor. Al experimentar esta falta de ventas, los empresarios dejan a su vez de comprar insumos y de contratar mano de obra, realimentando la crisis ya que una cantidad de potenciales consumidores no tendrán recursos para comprar. En la superficie se trata de crisis de sobreproducción, pero dicha apariencia es engañosa, ya que no se trata de que cada productor haya fabricado necesariamente más mercancías que lo habitual, sino que por alguna razón, sectores de consumidores dejan de comprar:

$$M1\text{-}D\text{-}M2\text{-}D\text{-}M3\text{-}D......$$

Es importante notar que la decisión de uno de los eslabones de no comprar- y por lo tanto de abstenerse de producir- interrumpe toda una cadena de transacciones. Si este comportamiento se extiende a sectores económicos amplios, estamos en presencia de una crisis de sobreproducción de aquellos eslabones anteriores al puente cortado.

En la economía de trueque este comportamiento no es posible, ya que sólo podrá el productor 1 vender su mercancía al productor 2 si a su vez compra a éste su producto 2. Veremos adelante en qué contexto puede presentarse este tipo de eventos.

Ley de Say:

El economista francés Jean Baptiste Say enunció una ley sobre este tema, que fue aceptado implícitamente por el resto de los economistas clásicos contemporáneos suyos. Dado que en el proceso del capitalismo la transformación de mercancías M en dinero D y su nueva transformación en mercancía es constante, ya que constituye la esencia de la acumulación, Say otorgó a este proceso el carácter de automático e ineludible. Según su ley, a toda venta sigue necesariamente una compra equivalente, o sea que no es posible una interrupción de la secuencia M-D-M, y por lo tanto no resulta factible una crisis de sobreproducción. En otras palabras extrapoló una condición de la economía de trueque al capitalismo.

Marx criticó acertadamente esta ley, arguyendo que el hecho que el dinero separa la secuencia M-D-M en dos sub-secuencias distintas: M1-D, y D-M2 las que pueden ocurrir simultánea o separadamente, en el mismo o en distinto sitio, originándose entonces la posibilidad de que no se efectúe la segunda compra, es decir que el productor 1 conserve su dinero y el productor 2 quede con su producto sin vender. Estrictamente hablando, este razonamiento se aplica no sólo al capitalismo, sino a sistemas previos en los que se utilizaba el dinero; es precisamente el dinero el que permite separar compras y ventas sucesivas en transacciones diferenciadas y pasibles de ser apartadas en el tiempo y espacio.

El análisis debe buscar determinar cuáles han sido las causas de ese corte en la cadena de suministros. En algunos pocos casos las razones son obvias: guerras, desastres naturales, impedimento al comercio y traslado de mercancías por diversas causas, etc. Pero no es ésta la situación general, ni todas las crisis de la historia pueden explicarse por ellas.

Una pista sólida la obtenemos una vez más del análisis comparativo de las secuencias de la producción simple y la producción capitalista. La secuencia de transacciones en la primera, como dijimos, es M-D-M, donde aunque las mercancías del comienzo y final son físicamente distintas, no lo son desde el punto de vista de su valor, ya que supondremos que los partícipes del trueque intercambian sus productos en forma equitativa, ya que están bien informados sobre los valores relativos; lo esencial es reconocer que el propósito del intercambio es el consumo de aquellas cosas de las que cada productor no puede autoabastecerse, por eso el ciclo de la transacción termina con M, una mercancía, y esto ocurre para ambos productores. Por eso en principio no hay ninguna razón por la cual uno de ellos vaya a dejar de producir y vender, ya que necesita consumir permanentemente.

En cambio, en la producción para el mercado propia del capitalismo el ciclo es:

$$D1-M-D2$$

El capitalista comienza con una suma de dinero, la transforma en capital constante y en salarios produciendo una mercancía M y luego la vende a una cifra D2 que debe ser mayor a D1, lo que denotaremos como:

$$D2-D1= Delta\ D$$

Es importante resaltar que la diversidad de actitudes entre el capitalista y el asalariado no procede de fuentes éticas, ni de la presunta diferente educación recibida, ni de ningún otro elemento subjetivo, sino de su posición objetiva frente al mencionado ciclo ...M-D-M..., es decir con que comienza el ciclo y como espera terminarlo.

La expectativa de nuestro empresario es que Delta D sea positiva, y que tenga una cierta magnitud, particularmente comparada con el capital inicial D1, es decir que la tasa de ganancia, que definiremos en este caso por el cociente:

Tasa de ganancia=Delta D/ D1= (D2-D1)/ D1

(La cual usualmente manejamos expresada como porcentaje) tenga un valor determinado; en caso contrario, o sea si sus expectativas son que no logrará realizar esa tasa objetivo, puede decidir no arriesgar el capital inicial D1 en circunstancias inciertas o aún dudosas. Esta es una actitud completamente distinta a nuestro productor simple; el empresario puede optar por sentarse sobre su dinero y no producir, y por lo tanto no comprar ulteriormente materias primas ni bienes de capital, y no contratar trabajadores. En esto radica la semilla de las crisis.

Conviene acotar que no es necesario que la tasa de ganancia así definida sea negativa o nula para gatillar la interrupción de compras y producciones por parte de algunos de los empresarios. Basta con que la tasa real o prevista por estos sea menor que una cierta tasa objetivo, como la hemos denominado más arriba, para que el o los capitalistas decidan no arriesgar su capital. Esta ha sido la explicación de Marx, y en rigor de verdad, los economistas más modernos han dado una explicación convergente. Para ello dividen la ganancia- que es como decir la plusvalía- en dos grandes áreas: la tasa de ganancia del empresario como productor propiamente dicha, y la tasa de interés por el uso del capital, tanto si este capital es prestado por otros capitalistas del área financiera, como si es propio del empresario productor, en cuyo caso está asumiendo dos roles, cada uno de los cuales tiene su recompensa. Si la tasa de ganancia que el capitalista espera obtener está por debajo o no supera la tasa de interés que debe pagar por el dinero, puede abstenerse de comprometer el capital propio o ajeno en los negocios y esperar mejores tiempos. De generalizarse esta actitud tenemos una crisis en ciernes.

Tipos de crisis:

Marx no dejó una clasificación de las crisis según sus causas, por la razón explicada al comienzo del carácter incompleto de su obra. Fueron particularmente sus sucesores los que han sistematizado los análisis dejados por el autor para explicar las crisis económicas del capitalismo, y pronosticar su desarrollo futuro. De las diversas clasificaciones existentes, seleccionaremos una que divide a las crisis en dos categorías, cada una de ellas a su vez divisibles en dos subcategorías.

- La primera categoría es la de las denominadas **crisis por reducción de la tasa de ganancias,** en las cuales la tasa de plusvalía y por ende la de ganancias sufre una reducción, ya sea por: 1) el aumento de salarios por encima de su valor (determinado como vimos por el tiempo necesario para producir los medios de subsistencia de los obreros), lo que se produce directamente es desmedro de la tasa de plusvalía , 2) la tendencia decreciente de la tasa de ganancia, producida por el aumento de la composición orgánica del capital, como veremos con más detalle en un capítulo dedicado a ella.

- La segunda de estas categorías es la de las usualmente denominadas **crisis de realización,** determinada por la imposibilidad del sistema productivo de vender sus productos-o al menos cantidades sustanciales de los mismos- a su valor, por lo cual deben ser liquidados a precios por debajo d dicho valor, o permanecer en stock y quedar finalmente obsoletos. También en este caso se pueden discernir dos razones diferentes para la ocurrencia de una crisis de realización. La primera da origen a las denominadas crisis de subconsumo. causadas por la imposibilidad de los agentes económicos, particularmente los miembros de la clase trabajadora, de consumir la producción realizada en ciertos ciclos, debido simplemente a la falta de ingresos para hacer efectivo ese consumo. La segunda causa dentro de este tipo de crisis es la de las llamadas **crisis por desajuste** o desproporcionalidad. Las mismas serían producidas por el carácter aleatorio y aparentemente anárquico de la producción dentro del sistema capitalista, donde no existe ninguna autoridad fijando cupos de producción a los diferentes agentes: esto conduciría a la sub o sobre producción de determinados bienes, sean de capital o consumo, por falta de información a la hora de programar producciones por parte de los capitalistas individuales inconexos entre sí.

Veremos los principales de estos causales en los capítulos sucesivos.

CAPITULO 6

Crisis Por Disminución De La Tasa De Ganancia I

Aumento de la composición orgánica del capital

Los economistas clásicos asignaban al capitalismo la misión histórica de desarrollar las fuerzas productivas de la sociedad a su máxima expresión, la cual ha en efecto cumplido en buena medida; por eso veían con preocupación los que percibían como síntomas de una tendencia decreciente en la tasa de beneficios, que es la razón última que mueve a los empresarios a efectuar su tarea, y por lo tanto constituye el combustible del sistema. Tanto Adam Smith como David Ricardo, y aún más modernamente John Maynard Keynes, constataron dicha tendencia y expresaron sus temores al respecto. Se basaban por un lado en algunos razonamientos y desarrollos matemáticos del tipo del que veremos más abajo, y por otro en pensamientos propios del ambiente pesimista del malthusianismo.

Marx desarrolló su propia teoría al respecto, y le asignó una gran importancia en el marco de toda su labor conceptual, al punto de definirla como la ley más importante de la economía política, aunque haya sido consciente de los factores que limitaban sus efectos, tal como veremos.

Para presentar en forma sencilla la ley de la tendencia decreciente en la tasa de ganancia de Marx, partiremos de la ecuación ya deducida:

$$p = s`(1-q)$$

La que como vimos, relaciona a la tasa de ganancia **p** con la tasa de plusvalía **s´** y la composición orgánica del capital **q**. Ya hemos mencionado la innegable tendencia creciente que tiene **q**, debido a la introducción de más maquinarias en reemplazo de mano de obra las que producen un marcado aumento de la productividad, y también por las siempre crecientes cantidades de materias primas que esos equipos pueden procesar; es decir que los dos componentes de **q** tienen una tendencia claramente ascendente en el tiempo. Como **q** está restando en la ecuación, su crecimiento producirá matemáticamente el decrecimiento da la tasa de ganancia **p.** Las conclusiones lineales de esta fórmula tal como está expresada son tan claras como cruciales: el propio desarrollo del capitalismo crea las condiciones para fijar límites a su expansión, vía el freno de su motor: la ganancia; esto justificaría los temores de los economistas clásicos y pondría una fecha de vencimiento al sistema.

Hemos visto que la plusvalía se divide en tres partes (dejando de lado lo que el estado detrae como impuestos): la ganancia del empresario capitalista como tal, el interés que paga por el uso del capital, y la renta abonada por el uso de espacio. Con la caída de la tasa de ganancia, todas ellas terminan viéndose afectadas, así como el pago de impuestos.

Como dijimos, hay una serie de factores que limitan el ámbito real de validez de esta ley, de los cuales Marx era consciente, y de las que enumera seis. De ellos mencionaremos sólo los principales:

- Disminución del valor unitario del capital constante: dado que la introducción de maquinaria eleva considerablemente la productividad de la mano de obra, el contenido de valor de cada unidad del capital constante (materias primas, materiales y equipamiento) desciende. Es decir que el crecimiento en términos de valor (o sea del contenido de trabajo necesario) del capital constante es menor que su aumento en volumen físico, lo que limita el crecimiento global de **c** y por lo tanto de **q**.

- Elevación de la tasa de plusvalía por varios medios: prolongación de la jornada de trabajo (factible en la época de Marx, no tanto en la actual), disminución de los salarios por debajo de su valor valiéndose del aumento del ejército de reserva, etc. Un caso particular es el aumento de la productividad por mayor mecanización, que si bien sube la composición orgánica del capital también incide en la plusvalía. Este efecto se puede comprobar reiterando la fórmula que las relaciona.

$$p=s`(1 -q)$$

La que muestra que todo aumento de **s** `eleva el valor de **p**, aunque haya sido originado en un aumento de **q** (que de por si disminuye **p**).

- Comercio internacional: que incorpora mercancías fabricadas usando mano de obra más barata, ya que en ciertos países los medios de subsistencia son más económicos que en las potencias industriales; además, la importación de alimentos baratos procedentes de países periféricos deprime el costo de vida en los países centrales bajando el valor del capital variable, al reducir su costo de subsistencia.

Análisis de la ley

Al reconocer estas limitaciones a la tendencia decreciente de la tasa de ganancia, Marx argumentó que la misma tenía efecto sólo en períodos largos de tiempo, que abarcaran numerosos ciclos de negocios; esto equivale a decir que la ley existe aunque no resulte fácil verificar su funcionamiento, ya que no sabremos si el período de estudio ha sido suficientemente largo.

Luego del prolongado análisis efectuado sobre el particular preguntaremos una vez más que se puede concluir sobre la pretendida ley de la tendencia decreciente de la tasa de ganancia formulada por Marx. ¿Se trata de un efecto real y comprobable aunque sólo verificable en plazos muy largos, como finalmente arguyó Marx, o tiene fallas que la invalidan?

Para intentar dar una respuesta debemos considerar una vez más la fórmula que relaciona las tres variables principales, **p, s`y q.**

$$p = s`(1-q)$$

Lo que esta ecuación nos permite afirmar matemáticamente es que al ascender **q**, **si todo lo demás permanece constante,** la tasa de ganancia **p** decrecerá.

En este contexto, la expresión clave es "si todo lo demás permanece constante"; aquí todo lo demás es **s`**. Ahora bien, ¿podemos suponer que **s`** se mantendrá constante cuando sube **q**? La respuesta es francamente negativa; no podemos suponer ni que **s`** se mantendrá constante ni que descenderá ante crecimientos de **q**. La razón es que el principal propósito de incorporar maquinaria moderna (aumentar **q**) es ahorrar mano de obra, con lo que la plusvalía crecerá frente a **v**, y por ello la tasa de plusvalía también lo hará. De modo que el único escenario realista es pensar en aumentos simultáneos de **s`** (que aumentará **p**) y de **q** (que la disminuye). A simple vista parecería que es menester conocer cuál será el crecimiento de **s`** y **q** para evaluar cual tendrá preponderancia en la fijación de **p**. En realidad no hace falta. Las decisiones de comprar maquinarias y tecnología en general son tomadas por los empresarios en función de su impacto en sus costos; solamente comprarán aquellos equipos que les eleven la tasa de ganancia, cualquiera sea su formulación matemática. De este modo, no existe en la expresión matemática ninguna razón para prever una tasa declinante de plusvalía ni de ganancia, al menos derivada de la composición orgánica del capital. La ley enunciada por Marx no tiene un correlato con la realidad. Lo que el autor correctamente había enunciado como factor limitante (ver arriba) en realidad invalida la ley en la práctica.

Este es un rasgo extendido en el marxismo: Marx enunciaba sus leyes en forma determinista, como acontecimientos que obligatoriamente se darán arrastrando a sus personajes como en una tragedia griega. No toma en cuenta que cada micro o macro decisión es tomada por hombres que conocen su negocio y realizan sus cálculos en la forma más realista posible. Precisamente es esta característica descentralizada del capitalismo la que le dado la plasticidad para haber sobrevivido hasta nuestra época.

En realidad, al margen de las fluctuaciones en los márgenes de beneficios de las empresas medidos en la forma contable habitual, la masa total de plusvalía obtenida por las empresas capitalistas crece año a año, excepción hecha de los períodos de crisis. Este hecho es el que motoriza la tendencia secular de aumento de los precios del stock accionario de las mismas en los mercados de valores, una vez descontado el efecto de la inflación.

CAPITULO 7

Crisis Por Disminución De La Tasa De Ganancia II

Disminución de la Plusvalía

Hemos visto en el capítulo anterior que el fundamento para una teoría de las crisis basado en la disminución de la tasa de ganancia por aumento de la composición orgánica del capital es endeble, y en todo caso constituye un elemento marginal. Pero no es ésta la única causa de crisis por baja de la tasa de ganancia que Marx concibió. En sus escritos no hay una estricta separación de causas como estamos planteando aquí, sino que han sido más bien sus seguidores quienes las han deslindado para poder elaborar sobre ellas. Marx vislumbra otro causal de crisis en el aumento sostenido de los salarios, que producen una baja en la plusvalía, o al menos en la tasa de plusvalía $s'=s/v$. La secuencia de razonamiento es la siguiente: el proceso de acumulación permanentemente produce excedentes de capital provenientes de la plusvalía detraída a los obreros, que necesitan ser reinvertidos para satisfacer las metas de los capitalistas, que como hemos visto, es siempre ampliar su patrimonio mediante la incorporación inmediata de la plusvalía al capital, para poder producir más plusvalía, etc.

Esto los compele a agregar más maquinarias y materias primas, es decir más capital constante en sus empresas, pero también a contratar siempre más mano de obra, agrandando el capital variable. Dado que existe un ejército de reserva, pueden reclutar más trabajadores sin problemas e incorporarlos a sus nóminas. Como por otra parte la mecanización y automatización de los trabajos dejan cesantes obreros, este ejército de reserva se realimenta en forma permanente. Sin embargo no hay garantías de que el ritmo de obreros cesantes por la mecanización equipare el ritmo de nuevas contrataciones por expansión de la producción. Se constata que el ejército de reserva efectivamente decrece en número en ciertas circunstancias en las que las sociedades se acercan al pleno empleo. No hace falta que el desempleo llegue a cero, ya que hay parte de la población que busca trabajo que en realidad es de difícil empleabilidad por razones de falta de capacitación u otras, y además hay una desocupación friccional de gente que está cambiando de un trabajo a otro. Lo importante es que la tasa de desempleo baje notablemente con relación a sus niveles habituales. Esto, que desde el punto de vista social es una buena noticia, sería para Marx una mala noticia para los capitalistas, ya que deberán competir para poder contratar a la mano de obra que necesitan, particularmente cuando requieran ciertos niveles de capacitación. La competencia por la mano de obra se refleja en una aumento de salarios por encima de su valor (definido como hemos visto en los primeros capítulos), de forma que en la formación de valor total que hemos definido como **w**, crece la parte correspondiente al capital variable **v** a expensas de la plusvalía **s**. Marx anota que con frecuencia las crisis de sobreproducción están paradójicamente precedidas por períodos de salarios altos. De esta manera, las crisis de este tipo responderían a la siguiente secuencia:

Acumulación=> inversión => mayor empleo=>agotamiento del ejército de reserva=> mayores salarios=>caída de la plusvalía y de ganancia=>crisis.

La razón eficiente de las crisis de este tipo serían las expuestas para todas las crisis: los capitalistas, inconformes con la tasa de ganancia vigente, pierden su interés en invertir y consecuentemente retiran su capital del mercado productivo.

Lo que hemos de notar, y es éste un aporte notable de Marx, es que las crisis de este tipo no se originan por procesos al azar, o causas fortuitas y erráticas, sino que son consecuencia del propio desarrollo capitalista, y es por eso que en la secuencia anterior figura en primer término la acumulación, o sea un hecho normal de los negocios.

A continuación, nuestro autor se explaya en el desenvolvimiento de la crisis así generada: partes importantes de los capitales invertidos quedan improductivos o su valor es destruido, comenzando con los créditos de los acreedores que no pueden cobrarlos, la cadena de pagos se corta en innumerables sitios, las mercancías no pueden ser realizadas a su valor sino con grandes descuentos, los bienes de producción inactivos pierden su valor y finalmente la mano de obra, al no encontrar ya empleo, baja sus pretensiones y el nivel de salarios real cae por debajo de lo que había estado al comienzo del ciclo. Lo crucial es que al ser depreciados todos los componentes del capital que actúan como costos, la tasa de ganancia vuelve a subir y a parecer atractiva.

En definitiva, el equilibrio es restaurado destruyendo valor para todos los integrantes del mercado, ¡suprema irracionalidad!

Como hemos visto, una vez desatada la crisis su curso puede también ser representado por un esquema similar al que escribió su gestación:

Crisis=>destrucción de valor de activos=>baja de los salarios=>recomposición de las tasas de plusvalía y de ganancia=>comienzo de un nuevo ciclo=> acumulación.

Lo que nos reconduce al punto de partida.

Puede plantearse una duda muy fundada: siendo que en definitiva la crisis va a erosionar sus activos, devaluar sus productos y ponerlo fuera de circulación por un tiempo, ¿por qué es que el capitalista elige seguir las indicaciones de su tasa de ganancia declinante y no reinvertir, limitándose a esperar mejores tasas futuras, en vez de soportar el chubasco y proseguir en el negocio con todas sus fuerzas, evitando el desencadenamiento de la crisis? Esta pregunta, en apariencia lógica y un poco sugerida por el mismo planteo que hace Marx, ignora la diferencia entre los planos de decisión y acción individuales y colectivos: el capitalista en realidad no está especulando con la baja de salarios y la suba de plusvalía que resultarán de sobrevenir una crisis, sino que está observando su mercado y detectando señales inequívocas de que no podrá colocar su mercancía a un precio retributivo, y entonces decide retraerse del mercado o al menos de la reinversión; desde su punto de vista individual esta es la decisión racional ya que le evitará quebrantos. Lo que ocurre es que al tomar muchos capitalistas actuando en distintos mercados la misma decisión sobreviene la crisis con su destrucción de valor para todos los agentes.

Hemos de notar un punto importante: la crisis ya no es para Marx un acontecimiento aislado sino la forma específica de restaurar los mercados a su normalidad, es decir qué parte integrante y necesaria de cada ciclo del capitalismo. Por esta razón más que de una teoría de las crisis nos hallamos frente a una teoría del ciclo de negocios. En efecto, la crisis es una fase del ciclo, y el capitalismo es una serie incesante de ciclos.

Si bien esta es la conclusión que se obtiene de la teoría de las crisis de Marx, muchos economistas no marxistas posteriores a él llegaron a conclusiones semejantes, luego de formular descripciones del desenvolvimiento de las mismas parecidas en muchos sentidos a la descripta aquí. La diferencia principal parece radicar en visualización del impacto de las crisis en el futuro del capitalismo. Mientras que Marx y sus seguidores siempre interpretaron que las crisis eran el preanuncio del colapso del sistema, los economistas no marxistas, significativamente Schumpeter- de la cual daremos una somera descripción más adelante- consideraron que el ciclo mencionado arriba es la forma normal del desarrollo capitalista; en esta visión, las crisis son una especie de mecanismo, doloroso pero necesario, de autodepuración del sistema, en el cual son eliminados industrias inviables, activos obsoletos y capitalistas incapaces. Ambas tesis comparten una cosmovisión un tanto darwiniana.

No cabe duda de que buena parte del tratamiento que Marx hace de las crisis es correcto y actual, pero antes de anticipar conclusiones debemos aun estudiar los otros causales de crisis económicas, que hemos llamado colectivamente crisis de realización

CAPÍTULO 8

Crisis Por Desproporcionalidad

En el capitalismo no hay ninguna autoridad central, ni en los países individuales ni en el sistema en su conjunto, ordenando las diversas variables de producción y consumo, tales como tipos de productos, cantidades, planes temporales de producción, precios de venta, etc. Cada unidad productiva realiza sus estimaciones de venta y procede a hacer sus programas de producción en consecuencia. Esto puede originar gruesos errores con respecto al consumo de bienes determinados, su distribución geográfica y temporal, preferencias de los consumidores, determinación de su poder de compra, disponibilidad de materias primas y demás factores de producción, etc. Ello puede traer como consecuencia y lo hace con frecuencia la imposibilidad de colocar toda la producción en los mercados accesibles o por el contrario escasez y desabastecimiento de bienes, desplome de precios, saldos que se tornan obsoletos, dificultades financieras por tener los activos congelados y en fin, despilfarro de recursos.

Uno de los clásicos ejemplos de desajustes es que puede presentarse entre las cantidades de bienes finales requeridos por el mercado y la disponibilidad de las materias primas correspondientes; obviamente la relativa escasez de al menos una de ellas fija un tope infranqueable a la producción del bien final a menos de que pueda procederse a un reemplazo del material que crea el cuello de botella por otro relativamente más abundante, lo que es a veces posible. Por cierto, hay casos donde el reemplazo de insumos no es factible a costos adecuados, por lo que los precios de los bienes finales crecen en el tiempo; este es el caso del petróleo, donde las fuentes de energía alternativa aún no están en condiciones de tomar la posta.

Si los mercados fueran relativamente estables en sus requerimientos de bienes, eventualmente los desajustes podrían ser cuantificados y corregidos, con lo que se eliminaría este causal de crisis. En realidad, la característica más destacable del capitalismo es su estado de desequilibrio permanente creado por la competencia, en la que nuevos jugadores intentan desplazar a los existentes, o los ya presentes intentan ampliar su participación a expensas de sus competidores. ¿Cómo es que los desajustes no toman dimensiones crecientes, aumentando en forma espirada, hasta poner en peligro la macro estabilidad del sistema?

La respuesta es que actúa un mecanismo interno que tiende a retornar al sistema a posiciones más cercanas al equilibrio... hasta el próximo desafío.

El mecanismo, una de las expresiones de la "mano invisible" de Adam Smith, es el hecho de que si la demanda adicional creada en un sector especial por aumento imprevisto del consumo por cualquier razón no se ve satisfecha, ello origina un aumento de precios de esos productos, proporcional al grado de desabastecimiento. Capitalistas de otras áreas de menor rentabilidad no tardarán en detectar las oportunidades de ganancias extras que se originan y migrarán con sus capitales al área en cuestión, incrementando la producción y por ende la oferta, con lo cual el precio volverá paulatinamente a situarse en una franja de equilibrio con el resto de los precios de la economía. El razonamiento que hemos hecho con precios puede reproducirse con valores y el resultado será el mismo.

No puede negarse que este tipo de crisis han ocurrido en ramas de negocios y países determinados. Innumerables firmas de todos los tamaños van a la bancarrota todos los días como producto de ellas, y contingentes de empleados quedan sin trabajo por esa causa.

Con el avance de la estadística y la diseminación de la información, el auge de técnicas de marketing y la segmentación de las necesidades de los clientes a un nivel cada vez más fino, el monitoreo permanente de los mercados, las técnicas de planificación de la producción y comercial flexibles, etc., aunque no pueden eliminarse los errores de planeamiento, puede sí limitarse sus efectos reaccionando a tiempo para cambiar el rumbo, de modo de atenuar el impacto de dichos errores sobre las firmas, el empleo y la sociedad en su conjunto.

La alternativa de la fijación de planes de producción dictada por los mercados ha sido la planificación central socialista, tal como fue practicada por décadas por la ex URSS y los países del bloque comunista; en ella un burócrata en Moscú determinaba el plan de producción de una fábrica en la península de Kamchatka, a siete husos horarios de distancia, y esos planes eran inconmovibles ya que habían recorrido un proceso de aprobaciones por todo tipo de instancias técnicas y políticas Una vez puesto en marcha un plan así diseñado e instrumentado, no había forma de frenarlo a pesar de la desesperación de los hombres en la línea de frente ya fuera industrial o comercial. No sólo producía un despilfarro aún mayor de recursos, sino que su efecto más nocivo era sumirse en una atmósfera de confort, reacia a los cambios y sobre todo al riesgo, que actuaba como un freno muy eficiente a las innovaciones, las que en una economía libre son impulsadas por la desenfrenada competencia. La inmensa variedad de productos de todo tipo de que disponen los consumidores de países dentro de la esfera capitalista contrasta con la lúgubre monotonía y las largas colas para las compras más elementales que imperaban en los países comunistas. El rechazo a volver a esa vida gris ha actuado como un acicate en esos países para atravesar los duros procesos de transformación de sus economías socialistas en otras de mercado.

En realidad, Marx no dedicó mucho tiempo ni energía a este tipo de crisis. Su carácter puntual y siempre diverso dificultan su tratamiento en el marco de leyes generales como las que enunciaba Marx. Fueron más bien algunos de sus discípulos que intentaron desarrollar una teoría al respecto, pero siempre tuvieron un carácter un tanto marginal, y algunos autores, marxistas o no, las consideran más bien un factor complicante de crisis de otros orígenes que sus verdaderas raíces.

En las dos últimas décadas se han producido crisis de origen especulativo centradas en determinadas áreas de la economía, especialmente en el área de construcción y bienes raíces, financiera con la aparición de instrumentos nuevos y muy agresivos, de ciertos bienes de lujo, etc. Aunque la especulación bursátil existía en la época de Marx, estas crisis poseen elementos novedosos. Aunque ya se ha dicho que las crisis reales tienen componentes de varios de los tipos mencionados aquí, es lícito preguntarse si estas crisis especulativas tienen un fuerte sesgo de desajuste o desproporcionalidad. En efecto, observando las crisis inmobiliarias de esta década en Estados Unidos, España y otros países, que luego se extendieron como ondas concéntricas a otras actividades, tuvieron origen en desbalances entre los recursos volcados a la actividad inmobiliaria comparados por ejemplo con la proporción de dichos recursos dedicados a ella con anterioridad, desajustes entre la cantidad y costos de las viviendas y el poder adquisitivo de los compradores potenciales, y en fin desequilibrio entre el valor de las mismas y sus precios de mercado. Una indagación sobre dichas crisis arrojaría luz sobre sus causales y sería oportuna dado que tienen alta

probabilidad de re-ocurrencia.

CAPÍTULO 9

Crisis Por Sub-consumo

Marx y sus seguidores explican que existe una contradicción fundamental entre los fines de la producción considerada como un proceso de creación de valores de uso, y los fines del capitalismo como un proceso de creación de valor de cambio. Es el consumo el que provee el impulso a la producción dándole un objeto, y hasta la fabricación de bienes de producción tiene como último fin usar a éstos para crear bienes de consumo.

Esta contradicción se refleja, según el autor, en comportamientos precursores de típicas crisis de sub-consumo.

Efectivamente, los capitalistas buscan permanentemente ampliar la tasa de plusvalía, lo que sólo pueden lograr en detrimento del capital variable, es decir del salario. Esto lo logran raras veces con disminuciones del nivel nominal de remuneraciones, y con mayor frecuencia limitando su crecimiento, por ejemplo introduciendo más y mejores maquinarias que reemplazan mano de obra y realimentan el ejército de reserva. Pero al hacer esto, evitan la expansión de los mercados manteniendo fuera de ellos a sectores potencialmente consumidores, o frenando su poder de compra. De esta manera, mientras por un lado se inyecta permanentemente nueva producción a los mencionados mercados, por otro se previene que la demanda crezca de forma de poder absorber dicha oferta adicional; luego de un tiempo en que este desarrollo se manifiesta, la generación de un excedente invendible de bienes es inexorable, y a partir de allí una crisis de sobreproducción originada por sub-consumo está a la vuelta de la esquina. Es algo así como conducir un auto pisando a fondo el acelerador mientras se aplican al mismo tiempo los frenos. Este comportamiento, aparentemente esquizofrénico, está sin embargo perfectamente de acuerdo con las leyes del capitalismo.

Marx explica que, mientras sólo el consumo puede dar sentido a la producción, el capitalismo presiona permanentemente a la suba de producción sin la contrapartida de un aumento de consumo. El ciclo completo consta de dos partes: en la primera se realiza la producción física y con ella se manifiesta la explotación mediante la generación de plusvalía, la cual ocurre independientemente de lo que suceda en la etapa subsiguiente. Pero luego, para volver a reunirse con su capital incrementado por la ganancia originada en la plusvalía, el empresario debe vender efectivamente sus productos, para lo cual requiere que haya demanda solvente en el mercado. La generación de la plusvalía y su efectiva realización ocurren en actos distintos, separados en tiempo y espacio. El primero está regido por el poder productivo de la sociedad y el segundo por su capacidad de consumo. Los desbalances entre ambos dan origen a las crisis de sub-consumo.

De esta manera, Marx argumentaba que la pobreza de las masas y su consecuente sub-consumo reducen al capital a un estado de casi permanente subutilización de su capacidad instalada, sólo interrumpida por períodos de euforia que finalmente culminan en crisis de sobreproducción.

El análisis de Marx es correcto y refleja el simple hecho que capital variable y plusvalía compiten por la porción del valor de un producto que permanece una vez restado el capital constante, y que cuanto mayor es uno menor será el otro. En tiempos de nuestro autor la remuneración del trabajador era escasa y lo obligaba a pasar penurias y hambre. La situación permanece así en sectores, países y regiones del planeta en nuestros días, pero es innegable que en Occidente y crecientemente en grandes áreas de Oriente esta situación ha cambiado radicalmente, y las masas han entrado en la sociedad de consumo, al punto que de hecho una de las críticas que se realizan a las comunidades en los tiempos presentes es su propensión al consumismo vacío y carente de valores.

¿Qué ha ocurrido en el último siglo y medio, un plazo relativamente breve que explique mutaciones sociales tan profundas y extendidas en el espacio? Sin entrar en análisis económicos o sociológicos profundos diremos que el cambio ha sido producto de dos factores principales.

- La acción organizada gremial y política de los trabajadores en una lucha permanente para mejorar su *standard* de vida, a través de la ampliación de su participación en el ingreso total de sus respectivas sociedades nacionales.

- Los análisis de las crisis llevados a cabo por economistas, funcionarios y políticos, que, usando herramientas metodológicas distintas a las de Marx, llegaron a las mismas conclusiones que él: el capitalismo no tiene futuro si no incorpora a las masas al consumo.

Esto ha traído una situación inédita un par de generaciones atrás: los innumerables productos nuevos de origen tecnológico y sus respectivas políticas comerciales se diseñan desde el comienzo con vistas a su inmediata difusión en mercados masivos, lo cual obviamente incluye políticas de precios, acciones de publicidad y creación de canales comerciales adecuados a tal fin. Nuevamente expondremos la limitación de este modelo: los sectores excluidos del empleo y del consumo, que no perciben salarios ni generan plusvalía, y que por esta razón a menudo resultan invisibles. Hecha esta importante salvedad, permanece el cuadro de incorporación constante de las masas al consumo.

Esto ha sido posible por la plasticidad del sistema capitalista que le permite absorber modificaciones económicas y sociales importantes sin perder sus características esenciales.

¿Significa lo anterior que con la incorporación de los trabajadores al consumo queda solucionado el problema que causa la tendencia a la sobreproducción por este motivo? ¿O bien una vez ascendido este escalón de consumo las causas siguen actuando a pesar de la mejora de las condiciones de vida de los asalariados?

Ha habido muchas discusiones en el marxismo sobre este tema, y varios modelos que pretendían justificar una respuesta o la otra. Expondremos aquí un razonamiento de Paul Sweezy que resulta convincente y cuyas conclusiones coinciden con lo observable en la realidad. Reproduciremos lo sustancial de este razonamiento utilizando notación propia.

1. Sweezy subdivide el uso de la plusvalía obtenida por los capitalistas en cuatro partes:

- Una primera destinada a aumentar su propio consumo.

- La segunda destinada a incrementar la retribución de sus obreros.

- La tercera para contratar cantidades adicionales de mano de obra, es decir expandir el capital variable.

- La última para comprar más maquinaria, que integra el capital constante.

Los ítems tercero y cuarto forman en proceso de acumulación, tal como lo define Marx. Sólo al cuarto llama el autor inversión, de acuerdo con la denominación usual en economía (concretamente sería inversión en activos fijos).

A la suma de las tasas de crecimiento de los ítems primero y segundo lo llamaremos A, que denotará el ritmo del aumento del crecimiento del consumo de toda la población (capitalistas y trabajadores). Denominaremos B a la tasa de crecimiento del ítem cuarto, es decir a la inversión en medios de producción.

El razonamiento es el siguiente: el fin último de los empresarios es generar el máximo de plusvalía y con ella ampliar permanentemente su capital, por lo cual buscarán por todos los medios que la acumulación crezca más rápidamente que el consumo total. Además, el capitalista tratará constantemente de reemplazar mano de obra por maquinaria, para lograr realimentar el ejército de reserva, como se ha visto antes. Esto implica que la tasa de inversión crecerá más rápidamente que la tasa de acumulación, de la cual es parte integrante. Teniendo estos razonamientos en cuenta, podemos concluir que el cociente A/B tendrá un valor decreciente en el tiempo.

Si llamamos C a la tasa de crecimiento de la producción de bienes de consumo (que es el objeto final de todo el proceso de producción), y lo relacionamos con la tasa de crecimiento de la inversión B, el cociente C/B tendrá una tendencia relativamente estable en el tiempo, o en todo caso no será una tendencia declinante, ya que el aumento de la inversión dentro de la acumulación permite asegurar al menos la constancia de la productividad. A continuación relacionaremos los cocientes anteriores de la siguiente forma:

$$\frac{A/B}{C/B}$$

Hemos deducido que el numerador de esta expresión es decreciente, y que el denominador es estable, por ello, todo el nuevo cociente también tendrá una tendencia descendente en el tiempo. Si ahora simplificamos B en numerador y denominador, esto no alterará el resultado; por ello la tendencia de lo que resta, es decir A/C, es hacia el descenso en el curso del tiempo.

En definitiva, hemos deducido que A/C es declinante, lo que significa que C crece más rápidamente que A, o sea que la producción de bienes de consumo tiende a aumentar más rápidamente que el consumo de los mismos. Poniéndolo en otros términos, existe una propensión natural a la sobreproducción de bienes de consumo, y no todos las mercancías producidas encontrarán consumidores en el mercado. Este hecho tendrá una de las siguientes dos consecuencias:

- Con el paso del tiempo se producirá una crisis de sobreproducción; se puede discutir si es del tipo de subconsumo o más bien de desproporcionalidad, en este caso desajuste entre producción y consumo, pero la tendencia es innegable. Ya habíamos expresado con anterioridad que los diferentes tipos de causales de crisis en la realidad se sobreponen entre sí, y que las crisis reales tienen con frecuencia un carácter híbrido.

- Deberemos dejar caer una de las hipótesis ocultas, aquella según la cual toda la capacidad productiva generada es puesta a funcionar permanentemente. En efecto, si una parte (en realidad creciente) de los medios de producción permanecen inactivos en forma más o menos permanente, consumo y producción de bienes de consumo se mantendrán en equilibrio, bien que inestable.

Esto se corresponde con lo observable en la realidad: la subutilización de los bienes de producción, con índices de uso de la capacidad instalada que raramente exceden el 75/80% y que exigen la desactivación de los bienes de producción que han quedado física o tecnológicamente obsoletos.

Conclusiones:

De esta forma hemos concluido el estudio de los distintos tipos de crisis, mencionadas por Marx en forma a veces dispersa, sin dejar una verdadera teoría de las crisis completa. Hemos excluido como causal central aquellas derivadas del ascenso de la composición orgánica del capital; hemos mantenido como explicación válida relativa la caída de la tasa de ganancia por crecimiento de los salarios, lo que daría cuenta, al menos parcial, de las crisis que ocurren luego de períodos de *boom* expansivo.

El mecanismo expuesto en este capítulo es igualmente convincente para explicar ya sea una crisis o la subocupación de la capacidad instalada (en realidad, a pesar de todas las discusiones de los teóricos del marxismo, la subocupación y la sobreproducción son las dos caras de la misma moneda), y por fin hemos constatado que los desajustes de distinto tipo pueden conducir a crisis, aunque su naturaleza sea esporádica. No existe una causa única e invariable de las crisis, pero todos los factores aludidos colaboran en distinta medida en su generación. Queda para

Marx el mérito de haber desarrollado un núcleo de ideas en una fase temprana del desarrollo de sus estudios.

CAPÍTULO 10

Teoría Del Derrumbe

Previsiones sobre el derrumbe:

Marx tuvo siempre la certeza de que el sistema capitalista no es eterno, y de que inevitablemente sería reemplazado por el socialismo. Esto ocurriría en un contexto en el que el capitalismo dejaría de ser un promotor del desarrollo de las potencialidades de la humanidad y se convertiría en una cadena o unos grilletes que lo retrasaría o impediría. En ese momento, las masas trabajadoras sacudirían su yugo y se liberarían del factor de opresión y retraso.

Sin embargo el autor jamás expuso una teoría consistente de la forma o el momento en que ese proceso ocurriría. Aunque lo relacionaba de alguna manera con las crisis, no avanzó en los mecanismos que tendría dicha eventual caída.

Sus seguidores intentaron llenar ese vacío conceptual y elaboraron numerosas teorías divergentes sobre la relación entre crisis y desaparición del sistema, en medio de convulsiones generales que le pondrían fin. Bernstein, Kautsky, Louis Boudin, Rosa Luxemburgo y otros emitieron vaticinios sobre tal proceso, pero nunca fueron aceptados por el conjunto de los intelectuales marxistas, como al menos lo fueron las descripciones de los tipos de crisis, con todas las limitaciones que hemos discutido en los cuatro capítulos precedentes. Por ello, no podemos avanzar sobre el tema en forma teórica por falta de un marco concreto de ideas, a pesar de que el desmoronamiento o colapso del sistema capitalista fue en todo momento una expectativa de Marx y sus seguidores.

¿Qué sucedió históricamente al respecto? El sistema capitalista como un todo no ha caído. El desmoronamiento comenzado en Rusia en 1917 y seguido en toda la Europa

Oriental tras la Segunda Guerra Mundial resultó reversible contra toda previsión, y las causas de la interrupción del sistema fueron estuvieron más bien relacionadas con el desastroso curso de la Primera Guerra Mundial para el imperio zarista en el caso de Rusia, y con la caída del nazismo y la presencia del Ejército Rojo tras el fin de la Segunda Guerra Mundial en Polonia, la ex Checoslovaquia, Bulgaria, Rumania, la ex Alemania Oriental, etc. Esto estaba en realidad dentro de las previsiones de Rosa Luxemburgo, quien había vaticinado que las guerras y revoluciones traerían el fin del sistema tiempo antes de que la crisis económica llegara a su pico.

Al cabo de un período de hasta siete décadas en el caso de la ex URSS, el bloque comunista cayó, no por derrotas o peligros en el frente bélico, sino porque no pudo enfrentar la competencia económica con el Occidente capitalista.

Lo realmente frustrante para los marxistas fue la razón profunda del fin de la experiencia socialista en la Europa Oriental: el socialismo se había constituido en una cadena para el progreso material de las poblaciones, que prefirieron soportar el penoso tránsito de regreso al capitalismo a continuar con una realidad gris y sin futuro. Es decir, la razón por la que Marx esperaba la salida del capitalismo y el ingreso al socialismo se revirtió en la realidad.

China entró en el comunismo luego de la Segunda Guerra Mundial y atravesó con la Revolución Cultural y el accionar de los Guardias Rojos la experiencia más radical y dolorosa en la búsqueda de cambiar al ser humano y borrar de su espíritu y mente toda ligazón al pasado. Aunque hoy persiste el predominio político del Partido Comunista Chino, es muy dudoso que podamos calificar su sistema económico como comunismo puro, a pesar de que sí lo fue en el pasado. En verdad, una vez concluida la Revolución Cultural han debido permitir el retorno de pautas parcialmente capitalistas en sectores amplios de la economía, proceso que se sigue verificando en la actualidad.

En resumen, el fin del capitalismo a consecuencia de una crisis abarcativa que comprometa a la mayor parte de la Humanidad no parece una hipótesis realista hoy.

Depresión:

Como dijimos reiteradamente, Marx y sus seguidores estuvieron siempre convencidos de que tarde o temprano sobrevendría el fin del capitalismo, o sea llegaría un punto en el que el capitalismo ya no sería más posible porque su decadencia económica produciría la reacción de las masas deseosas de eliminar no sólo la injusticia sino el corset que las asfixiaba. Hemos discutido las posibilidades de un colapso o desmoronamiento y constatado que en todo caso no parece inminente. En los cuatro siglos transcurridos desde los albores del sistema, el capitalismo ha atravesado crisis periódicas de distinta magnitud, pero no ha dejado de expandirse a una velocidad notable por todo el planeta. El tema de la inesperada pervivencia del sistema intrigó a los seguidores de Marx, que comenzaron a atribuir la supervivencia del capitalismo a los factores que actúan en sentido de morigerar las tendencias prevalecientes en el mismo, en particular la tendencia central e indiscutida a la sobreproducción debida a la mayor velocidad del crecimiento de la producción de bienes de consumo comparada con la del crecimiento del consumo efectivo propiamente dicho, de acuerdo con lo visto en los capítulos previos. Lo que les interesaba era determinar si esos factores compensadores, a los que atribuían la supervivencia, actuaban siempre con la misma intensidad, o si se podía esperar que se debilitarían con el paso del tiempo, poniendo de lleno al sistema capitalista frente a sus contradicciones. Esto les permitiría predecir que a falta de un colapso súbito del mismo, era al menos esperable su ingreso en un período de depresión, que eventualmente condujera a convertirse de todos modos en una cadena o grillos que restringieran el avance de la humanidad y que preanunciarían su desaparición. El análisis se volcó pues a los factores que contrabalancean la tendencia a la sobreproducción por la causa mencionada.

Marx ya había prevenido sobre la existencia de tales factores, aunque es innegable que no había previsto su fuerza y perdurabilidad.

¿Cómo actúan dichos factores? Para que los factores limiten la expansión de la producción de bienes de consumo por encima de su demanda y prevengan una crisis, deben ocasionar lo siguiente:

1. Crecimiento de la demanda más allá de los niveles esperables: por ejemplo a través de la incorporación de nuevos consumidores antes marginados, ejecución de gastos improductivos que no satisfagan ninguna necesidad, crecimiento de gastos del Estado, guerras, carreras armamentísticas, etc.

2. Limitación del crecimiento de la producción, tanto de bienes de producción como de consumo de forma que no exceda la tasa de crecimiento del consumo: por ejemplo desvío de inversiones a nuevas industrias y productos, inversiones fallidas, etc.

Los intelectuales marxistas dirigieron su atención al desarrollo de esas condiciones, para prever su desenvolvimiento futuro. A continuación exploraremos estas posibles factores que han prevenido la depresión, con vistas a determinar si previsiblemente seguirán actuando en el futuro con la misma o similar intensidad con que lo han hecho hasta ahora, o por el contrario se puede prever su debilitamiento o fortalecimiento.

Factores que limitan del crecimiento de la producción:

- Nuevas industrias: la forma en que la aparición de nuevas industrias tiende a eliminar o postergar el crecimiento de la producción, tanto de bienes de producción como de consumo, por encima de las posibilidades de la demanda de absorberla, se relaciona con el prolongado tiempo que transcurre entre el comienzo de la inversión en activos fijos (fábricas, maquinarias, obras de infraestructura) y el momento en que están produciendo a pleno, es más, en los primeros tiempos el mercado aún no ha adquirido su dimensión definitiva y suele existir demanda insatisfecha, exactamente lo opuesto a la sobreproducción. Eventualmente las inversiones maduran, la producción asciende rápidamente hasta satisfacer la demanda y un ciclo de sobreproducción puede acontecer. Sin embargo, durante todo ese tiempo el potencial de crisis o depresión fue evitado. Los marxistas de mediados del siglo XX miraron con interés y hasta esperanza este causal, y argumentaron que la proporción de nuevas industrias sobre el total del parque productivo instalado estaba en franca disminución, ya que las principales industrias ya existían (y allí mencionaban a las industrias procedentes de la Revolución Industrial el siglo y medio posteriores, tales como las siderúrgicas, automotrices, textiles, ferrocarriles, de máquinas-herramientas, etc.; la impresión general era que todo lo que se podía decir en materia de industria ya estaba dicho, y la conclusión que emanaba de este análisis era que las nuevas industrias como factores que retrasaban las crisis de sobreproducción tendían a desaparecer. Medio siglo más tarde es difícil compartir esta opinión; la enorme gama de industrias y productos nuevos que han surgido en el ínterin y siguen surgiendo a diario hacen más bien pensar en lo opuesto, particularmente en función de la altísima velocidad de aparición de sectores de actividad enteramente nuevos e insospechados. Decididamente, esta expectativa de crisis debe ser descartada al menos por el momento.

- Inversiones fallidas: como se expresó anteriormente, los empresarios no tienen una información completa sobre los mercados en los que actúan, y no pueden prever acabadamente el resultado de sus emprendimientos. Esto es particularmente cierto en el caso de nuevos productos, nuevos nichos de mercado, nuevas áreas territoriales o emprendedores noveles. Por ello toman a menudo decisiones erróneas, mal dimensionadas o extemporáneas que conducen al fracaso de sus intentos, y los llevan a prolongadas épocas de malos resultados o directamente a la quiebra, con la inertización de las inversiones realizadas y los activos adquiridos, los que salen de producción, limitando de esta manera el crecimiento de la producción por encima del consumo y la tendencia a las crisis de sobreproducción. Los autores marxistas han especulado que con la mayor información estadística, las técnicas de marketing y la labor de consultores de todo tipo, este factor limitante de las crisis está perdiendo importancia, lo que es una manera alternativa de decir que en general las inversiones son más productivas que en el pasado. Es posible que esta tendencia sea cierta, y lo que es un evento afortunado para ciertos capitalistas individuales traiga algunas consecuencias desfavorables para el sistema en su conjunto. De todas maneras, no parece éste un causal de crisis globales o depresión extendida, ni por lo tanto, un preanuncio del fin del sistema capitalista.

Factores que incrementan el ritmo del consumo:

- Crecimiento de la población: En primer término, corresponde aclarar que lo que verdaderamente importa es el crecimiento de la fuerza de trabajo, o sea de la masa de población efectivamente incorporada a los mercados de trabajo y de consumo. Esto puede ocurrir por dos razones: i) crecimiento demográfico absoluto, ii) incorporación a dichos mercados de población antes excluida por razones geográficas, culturales, de transportes, etc. La importancia de esta aclaración se tornará vidente cuando analicemos las perspectivas actuales y futuras de esta causa de crisis o depresión.

Habíamos deducido matemáticamente y explicado reiteradamente que la principal razón de crisis por sobreproducción radica en el crecimiento de la producción de medios de producción y consumo por encima de la velocidad del consumo propiamente dicha. En este contexto el aumento de población solvente- es decir que tiene medios para financiar su consumo, elimina o retrasa esa tendencia y permite al sistema funcionar con altas tasas de acumulación sin peligros de sobreproducción.

Una explicación adicional e intuitiva la obtenemos razonando que el crecimiento de la población permite ampliar el capital variable (los obreros contratados) sin disminuir el ejército de reserva- es decir la tasa de desocupación- lo que ayuda a mantener los salarios sin alzas por encima de su valor, y conservando por ello la tasa de plusvalía.

Si la tasa de crecimiento de la población (y de la fuerza de trabajo) desciende, aumentarán las presiones salariales simplemente por acción de la ley de la oferta y la demanda, y consecuentemente aumentarán los esfuerzos de los capitalistas por reemplazar capital variable por capital constante, es decir hombres por máquinas. Al reducirse la base de consumidores, ya no existirá la traba que evita que la producción aumente más rápidamente que el consumo, y crecerá la posibilidad de crisis y/o depresión.

Existe pues una relación inversa entre incremento de la población y la tendencia a la sobreproducción (o sub-consumo).

¿Existe alguna tendencia definida en materia de crecimiento de la población? No es éste el lugar para desarrollar análisis demográficos, pero recordaremos lo dicho más arriba que lo que cuenta es la población vinculada a la producción y el consumo, un concepto semejante al de "población económicamente activa". A pesar del aumento de la desocupación en varios países de occidente, las masas que se han incorporado y se siguen incorporando cada año en China, India y el sudeste asiático compensa con creces a nivel global dicha desocupación. No cabe duda que a nivel global la población ocupada está en un proceso de crecimiento importante. Mirando hacia el futuro, quedan aún cientos de millones de personas en esos mismos países aún por ingresar en los mercados, y previsiblemente este proceso seguirá luego con el resto de Asia y África y algunos países de América Latina. No parece pues que este de contrapeso de las crisis de sobreproducción vaya a agotarse en breve, aunque en determinados países la situación local sea diferente, en razón de la migración de los empleos a los países de mano de obra barata.

- Consumo improductivo: Con este nombre Marx y sus sucesores se refieren al consumo de las que impropiamente llamaban clases improductivas. El nombre lo habían colocado pensando en los terratenientes, nobles, miembros del clero, integrantes de la servidumbre, lumpen proletarios o elementos marginales, y en fin, otros sectores no relacionados con el proceso de producción y no incluidos ni en el capital variable ni en la plusvalía, es decir todos aquellos que no eran ni capitalistas ni obreros. Estos sectores sin embargo tenían sus medios de vida, y de alguna manera sus ingresos eran detraídos de la plusvalía para dar lugar a su consumo, por lo que dichos recursos se retiran de la acumulación, y por lo tanto ayudan a evitar el fenómeno de la sobreproducción, ya que por un lado disminuyen la inversión productiva y por el otro aumentan el consumo total. Con el tiempo, y manteniendo siempre la definición de consumo improductivo, los herederos de Marx fueron agregando grandes colectivos a dichas clases, entre ellos los vendedores y en definitiva todas las personas ligadas a los canales de distribución, los profesionales, maestros y profesores y la gran mayoría de los miembros de la clase media, de fuerte expansión en el siglo XX y lo que va del XXI. Curiosamente siguieron manteniendo la tesis de Marx, en el sentido que la evolución de este consumo improductivo así definido era decreciente, por lo que la importancia del mismo como factor que contrarresta la tendencia a la sobreproducción o sub-consumo disminuiría en el tiempo, lo que aseguraría el fin del capitalismo por crisis o depresión. Esta tesis está en clara contraposición con las tendencias observables en la casi totalidad de las sociedades. Las clases no directamente relacionadas con el circuito de la producción industrial han crecido mucho más que las de los capitalistas y la de los obreros en número, en importancia y en volumen de consumo, y en todas las sociedades postindustriales sobrepasan a los trabajadores fabriles. Hoy en día sería impensable denominarlas "clases improductivas" pues ocupan posiciones de enorme importancia y reconocimiento en las comunidades modernas. Claramente la evolución de este factor de oposición a la sobreproducción es de reforzamiento permanente.

- Gastos del estado: este factor tiene debiera estar incluido dentro del anterior, ya que en la época y en la visión de Marx incorporaba básicamente a la realeza, sus séquitos, los militares, magistrados y algunos sectores más, a todos los que cabía la definición de clases improductivas. Sin embargo, en razón de su tamaño e importancia, es preferible dar al Estado, particularmente al Estado moderno, un tratamiento aparte. Desde los tiempos de Marx, el Estado, aún en los países capitalistas, ha crecido enormemente en tamaño, funciones, importancia en la sociedad y por ende en consumo, constituyéndose habitualmente en uno de los primeros consumidores globales. Siguiendo a algunos autores tanto marxistas como no marxistas, dividiremos el gasto del Estado en tres grandes áreas:

1. Gastos e inversiones de capital del Estado: incluye todos los salarios, materias primas y demás gastos ocurridos en las actividades del Estado en su carácter de producción de bienes y servicios para la venta, incluido los servicios públicos, como agua corriente, energía, gas, transporte etc., en los cuales el Estado suplanta funciones que en muchos países son desarrolladas por el sector privado. En estos casos, las empresas estatales obtienen un beneficio que reinvierten, de modo que se configura totalmente un

proceso de acumulación indistinguible del privado. Desde el punto de vista que nos ocupa, estos tipos de expensas no constituyen un factor contrarrestante de la tendencia a la sobreproducción, por lo que deben ser excluidos del análisis.

2. Transferencias del Estado: Se trata de pagos que el Estado realiza y que no están conectados a la provisión rentada de bienes y servicios. En ellas están incluidas cifras muy importantes en concepto de jubilaciones y pensiones allí donde están a cargo del Estado, subsidios de toda índole, intereses de la deuda pública, etc. El rol de estas transferencias en estema de la sobreproducción que nos ocupa, está dado por el origen y el destino de los fondos que lo integran. Si el origen ha sido a partir de impuestos al trabajo, o sea detracciones de la masa salarial tenderá a agravar el sub-consumo, mientras que si han sido impuestos a la renta o al patrimonio empresario o por el contrario restarán fondos al proceso de acumulación. Para completar el análisis

hay que examinar el destino a que arriban: las jubilaciones y pensiones van directamente a ampliar el consumo; los intereses a ampliar la renta empresaria y normalmente se reinyectarán al proceso de acumulación, los subsidios si son a los consumidores contrarrestarán la sobreproducción y si van a los productores la incrementarán. Podemos decir que en una economía normal la tendencia general de las transferencias debiera ser incrementar el consumo con recursos parcialmente sacados a la acumulación. Es lo que denominamos habitualmente redistribución del ingreso.

3. Consumo del Estado: en sus funciones ejecutivas, legislativas, judiciales, militares, etc. Son gastos normalmente muy importantes. Con respecto a su función en nuestro tema, vale lo dicho en el punto anterior: depende de si los fondos fueron obtenidos detrayéndolos de los salarios o de la plusvalía y por lo tanto de la ganancia empresaria, todo el dinero que se vuelca al consumo estatal proviene del consumo

privado (en cuyo caso es neutro para el tema sobreproducción), o se detrae e la acumulación. En el segundo caso es un poderoso factor de freno a las crisis de sobreproducción.

Además de los tres tipos de erogaciones del Estado mencionadas, hay otras formas en que el mismo puede influir no sólo en la economía, sino en la propensión a la sobreproducción que estamos estudiando. Por un lado es estado puede generar inflación a través de sus diversas políticas monetarias, fiscales, laborales, etc. El efecto de la inflación mediante la creación de moneda tiene un efecto de aumentar el consumo, aunque este efecto puede ser parcialmente neutralizado ya que el aumento de los gastos del gobierno puede ir acompañado por el decrecimiento del poder adquisitivo de la población. De todas maneras su efecto neto es pre consumo. La toma de créditos por parte de entes gubernamentales para financiar gastos e inversiones puede desalojar (crowding out) a los privados del crédito bancario, en cuyo caso el efecto dependerá si en las erogaciones del Estado predominan los gastos corrientes de consumo o las inversiones productivas, y si los privados desalojados son mayormente empresas que dejan de tener acceso a créditos para la producción, o trabajadores que quieren financiar su consumo.

Por último, desde la crisis mundial de 1930 se han difundido en los países las políticas anti cíclicas, que tienden en general a contraer gastos en épocas de *boom* económico y a expandirlo en tiempos de recesión. Los efectos de todas estas medidas son agrandar o achicar el consumo, y agravar o mejorar la tendencia al sub-consumo, de acuerdo a lo visto anteriormente.

Pero lo verdaderamente importante es destacar que el Estado moderno tiene y usa herramientas poderosas que pueden balancear la tendencia a la sobreproducción y sub-consumo que definieron Marx y sus seguidores.

Conclusión:

De todo el extenso tratamiento que hemos realizado sobre los factores que contrarrestan la tendencia a la depresión o a la crisis por sobreproducción y su evolución actual y futura, surge con claridad que ninguno de ellos da síntoma de fatiga ni es previsible que pierda fuerza en el futuro. El capitalismo, desde el punto de vista del análisis marxista, tiene un reaseguro, que constituye una bendición dudosa desde el punto de vista del sistema mismo, en particular en lo relacionado con el crecimiento del consumo improductivo y el rol activo del Estado que se explicó en el párrafo anterior.

En todo este análisis hay un tema que llama la atención: todo factor que contrarreste el proceso de acumulación, y en particular que disminuya la reinversión a partir de las ganancias pasadas pasa a ser positivo pues retrasa la tendencia a la sobreproducción. Esto está en flagrante contradicción con toda la teoría económica que pregona la conveniencia de altas tasas de ahorro en la economía, y la subsiguiente inversión productiva como bases del crecimiento sustentable. Es clásica la contraposición que se realiza entre las economías del Este de Asia, a las que se elogia por sus tasas de ahorro-inversión muy altas, con las de Latinoamérica, de menor ahorro en relación al Producto Interno Bruto.

Teorías alternativas sobre las crisis capitalistas:

Ha habido otras explicaciones sobre el origen y desarrollo de las crisis del sistema capitalista, y algunas de ellas no provienen del seno del marxismo. Aunque el tema de este libro es la economía política de Marx, no es ocioso tratar exponer sucintamente un punto de vista alternativo, para poner en relieve lo específicamente marxista

Hemos seleccionado el caso de las teorías de Joseph Alois Schumpeter, un economista austríaco autor de una teoría de los ciclos económicos, contexto en el que trata las crisis. Haremos una presentación esquemática de sus ideas.

Schumpeter parte de una "teoría de la innovación", entendida como un cambio radical y súbito de la función producción. El factor desencadenante de la innovación puede ser de naturaleza tecnológica, o sea descubrimiento de nuevos modos de producir o transportar bienes, apertura de nuevo mercado, acceso a nuevas fuentes de materias primas, o alteraciones importantes en la organización industrial. El papel central lo tiene el *entrepreneur* o emprendedor, quien puede o no ser el inventor o poseedor de la patente del objeto de innovación y puede o no ser el propietario del capital que pones en juego. Su papel es de liderazgo, organizando a su alrededor un espacio económico donde la innovación juegue su rol. Este personaje habitualmente comienza a actuar en la fase declinante de un ciclo económico anterior, durante el cual pone a punto el objeto de su innovación, generalmente con mucho esfuerzo. En un momento determinado las circunstancias comienzan a cambiar, y los emprendedores surgen en *clústeres* o racimos en torno a los pioneros, mientras una fase ascendente comienza a despuntar. Comienzan a aparecer y crecer nuevas empresas basadas en la innovación, las que van desalojan do a los viejos líderes de sus posiciones, rumbo al ocaso y la desaparición. El proceso de inversión capitalista se desarrolla al comienzo con tropiezos, mientras el conjunto de la economía se reagrupa y toma impulso. El despegue de la nuevas onda no se produce a partir del punto final del ciclo anterior, de modo que muchos de los jugadores previos no serán de la partida Luego el sistema crece rápidamente, conduciendo de la depresión al auge, que sin embrago, lleva en su seno las semillas de la nueva fase descendente del ciclo y eventualmente de depresión. Las crisis son consecuencia de los períodos de auge y viceversa.

El resultado del proceso es lo que Schumpeter llama "destrucción creadora", donde lo nuevo arrasa con las viejas estructuras y elimina gran cantidad de capacidad productiva obsoleta.

En resumen, para Schumpeter- quien sin embargo era pesimista con respecto al porvenir del capitalismo- las crisis no son el preludio del colapso del sistema, sino la forma normal de desarrollo capitalista, a través de los sucesivos ciclos de negocios,

TERCERA PARTE

Los Grandes Temas

En los siguientes capítulos se tratarán los temas clásicos del marxismo, referentes al rol del estado, la dinámica del capitalismo incluyendo el proceso de acumulación especifico del mismo, la formación de monopolios, la economía internacional, la construcción del socialismo, la crítica a la vía reformista, la base teórica del materialismo histórico en que se fundamenta la economía política ce Marx, y el legado que el desarrollo teórico y práctico de un siglo y medio de socialismo marxista deja a las generaciones presentes y futuras.

CAPÍTULO 11

El Rol Del Estado

Los economistas clásicos y en general los no marxistas visualizan a la economía como una ciencia que investiga en particular las relaciones, de producción y distribución dentro del ámbito más general de las interacciones entre el hombre y la naturaleza, por lo cual el Estado no constituye el foco primario de estudio, aunque sí se lo considera al momento de analizar cómo están conformadas las mencionadas relaciones, más bien como un factor externo que las limita y las configura.

Marx y sus sucesores criticaron esta definición argumentando que enfatiza el carácter de natural e inevitable que tales relaciones tienen, e impiden entender su naturaleza contingente y transitoria. Definen la economía entonces como la ciencia que estudia las relaciones sociales de producción bajo condiciones históricamente determinadas. Lo esencial de la diferencia es que las relaciones de producción no son vistas como pertenecientes al ámbito de lo natural sino como producto de ciertas condiciones históricas previas que llevaron a su concreción.

Consistente con su definición de economía, los autores no marxistas visualizan al Estado como una institución que actúa en beneficio de la sociedad toda, mediando y conciliando intereses divergentes que surgen naturalmente en la sociedad, de modo de proveer soluciones que sean aceptables para todos los sectores contrapuestos. En particular, actúa en los conflictos entre las clases sociales intentando armonizar los intereses cruzados.

Como en el caso de las crisis, Marx nunca llegó a elaborar una teoría acabada sobre el rol del Estado, pero en sus escritos y los de sus sucesores hay suficiente material que permite conocer su pensamiento en detalle.

En primer lugar cuestionan el carácter inmutable de la estructura de clases propia del capitalismo, a la luz de los conocimientos históricos que dan cuenta de la sucesión de arreglos que distintas sociedades han tenido. En función de este aserto se preguntan cuál ha sido el papel del Estado en el mantenimiento de la estructura social existente, y llegan a la conclusión de que aquel es el garante de la continuidad de éste. El Estado es pues la institución que monopoliza el uso de la fuerza con el objeto de sostener en el tiempo las relaciones sociales y en particular las de propiedad en las que aquellas están basadas. En otras palabras, hay una estrecha correlación entre las funciones del Estado y las relaciones de propiedad burguesas. La protección de las relaciones de propiedad es, de acuerdo a la teoría marxista, la imposición de la dominación de clases. Los marxistas proponen en suma, en contraposición con la teoría de la mediación entre clases de los liberales, una teoría de dominación de clases. Es interesante notar que los discípulos de Marx distinguen entre la propiedad privada existente en la reproducción simple, donde cada artesano poseía sus utensilios de trabajo, y la propiedad privada capitalista, la que consiste no tanto en la posesión de cosas, sino en relaciones sociales, relaciones entre gente, algunos

185

de los cuales pueden disponer del fruto del trabajo de otros por el hecho de detentar la posesión de medios de producción.

Por ello, en el Manifiesto Comunista Marx y Engels resumen su objetivo en este aspecto: "Abolición de la propiedad privada". Por todo lo dicho anteriormente, este objetivo no se puede lograr si un enfrentamiento con el Estado burgués.

La función económica del Estado:

Como se expresó más arriba, el análisis marxista del rol del Estado se enfocó casi exclusivamente en lo que Marx y sus seguidores definieron como la tarea fundamental de aquél: proteger la subsistencia del capitalismo y dela propiedad privada, en particular de las fuerzas que intentaban subvertirlos, básicamente los comunistas. De esta forma, hacían alusión a las funciones del "estado gendarme", prestando poca atención a las numerosas y crecientes tareas que el Estado moderno, con grandes diferencias de país en país, lleva a cabo en las áreas económica y social.

En efecto, el análisis de las funciones económicas del Estado es una tarea inconclusa del marxismo. De todas maneras, admiten los intelectuales comunistas que el Estado lleva a cabo tareas con fuerte impacto en la economía. A partir de las discusiones sobre la limitación de la jornada de trabajo en Inglaterra la legislación social no ha dejado de incrementarse en todo el mundo, lo que está en contraposición con el rol asignado por Marx. Esto ha llevado a sus seguidores a dar una interpretación sobre esta aparente anomalía, que podemos resumir de la siguiente manera:

- La función primordial del estado burgués es, como se expresó arriba, la preservación de la continuidad y estabilidad del capitalismo y su orden.

- Ello no obsta para que en determinadas circunstancias se aprueben legislaciones que pongan límites concretos a la explotación de clase, como el caso de las leyes laborales. El propósito de las mismas es aplacar los antagonismos de clase antes de que den origen a levantamientos revolucionarios.

- No puede esperarse que la sumatoria de las concesiones realizadas a la clase trabajadora cambie la esencia del sistema capitalista. Con esto salían al paso a los socialdemócratas y demás reformistas que confiaban en introducir suficientes cambios al sistema como para hacer desaparecer la explotación del hombre por el hombre, al menos en sus facetas más degradantes.

Este agregado tardío al alegado propósito fundamental del Estado se queda corto en sus alcances. No se incluyen tareas esenciales del Estado con impacto directo en la actividad económica, tales como el desarrollo de la infraestructura de servicios (rutas, energía, comunicaciones, transporte etc.), el fomento del desarrollo científico y tecnológico fuente de la mayoría de las industrias y otras actividades económicas modernas, la defensa de las actividades productivas de cada país en el concierto internacional, la educación profesional y técnica, la delimitación de las incumbencias profesionales allí donde no implica conflictos entre clases, etc. Tampoco se mencionan las funciones del Estado en áreas no primariamente económicas pero que sin embargo tienen una influencia decisiva en el desenvolvimiento económico de una sociedad, tales como la educación en general, la salud, la seguridad, las relaciones exteriores, el saneamiento ambiental y tantas otras.

Cabe preguntar si este desdén por el estudio del Estado se debe a que, en la época de Marx en la que quedaron sentados los lineamientos generales, los estados existentes no realizaban plenamente estas funciones. O bien que tenerlos en cuenta acerca la definición del rol del Estado a la versión liberal de mediación y conciliación de intereses divergentes en el seno de la sociedad, y sobre todo de que hay un bien común para todos sus integrantes.".

Por otro lado, si bien es cierto que las innumerables reformas introducidas en más de un siglo no han cambiado las relaciones de propiedad del sistema capitalista, también es cierto que el efecto de dichos cambios no en las concepciones abstractas sino en las condiciones de vida concretas de una enorme y creciente porción de la Humanidad ha sido fundamental. Las críticas a los reformistas deben ser juzgadas a la luz de los logros concretos y perdurables de los mismos frente a los de todos los países que estuvieron o están gobernados por los comunistas.

El tema de la democracia política:

Los marxistas han considerado a la democracia política de una forma por lo menos ambigua. Siempre han reclamado democracia en el seno de los gobiernos autoritarios, pero no por real convencimiento de la superioridad de tal sistema, sino solamente porque brinda a los sectores que propugnan el comunismo mayores posibilidades de accionar y de efectuar sus reclamos y accionar. Es decir que su adhesión con la democracia es instrumental y provisoria.

Por esa razón critican a los socialistas democráticos, que confían en poder llegar al poder y efectuar el cambio de la actual sociedad capitalista a otra socialista mediante una serie de reformas paulatinas e incrementales. Contrariamente los marxistas aducen, quizás con razón, que los límites a los cambios posibles desde adentro de la sociedad burguesa son precisamente el cambio del tipo de sociedad. Por eso, no nutren demasiadas esperanzas en la democracia, y en realidad su compromiso con ella es sólo táctico.

En realidad, Marx no puede ser acusado de haber tenido desviaciones democráticas; siempre pregonó la dictadura del proletariado para llevar a la Humanidad al socialismo y reivindicó para la violencia el rol de partera de la Historia. En realidad, en su tiempo los países democráticos eran un puñado en toda la Tierra y nada hacía prever que el sistema democrático, aun en sus expresiones externas, iba a extenderse en la faz del planeta. Con relación a sus continuadores, el método habitual de los marxistas leninistas para tomar el poder en general no se basó en elecciones libres en las cuales consiguieran mayorías de sufragios, sino en el accionar de elites politizadas y minorías esclarecidas, que aprovecharon revoluciones violentas donde las reivindicaciones sociales se mezclaban con luchas anticoloniales, guerras globales o no, patriotismo y otras consideraciones, que daban un marco más amplio a las reivindicaciones de dichas minorías, y les proporcionaban adhesiones que con sólo sus propias banderas y programas no hubieran podido conseguir. Una vez en el poder, la democracia jamás fue instaurada por los comunistas. Es que el gen de la democracia no existe en el ADN marxista

CAPÍTULO 12

Concentración Del Capital

Los análisis realizados anteriormente sobre la estructura del capitalismo parten de un supuesto no explicitado en su momento: la existencia de libre competencia en las economías estudiadas, es decir que no hay barreras a la entrada de nuevos competidores en cada uno de los principales mercados, y que todos los oferentes juegan con las mismas reglas y tienen las mismas oportunidades de hacer negocios. Para expresarlo en términos marxistas, hemos discurrido en un nivel relativamente alto de abstracción en este aspecto. En el mundo real no siempre se cumple este supuesto, lo que ha dado origen en la bibliografía marxista y no marxista al estudio de la competencia imperfecta y los monopolios en sus diversas variantes (duopolios, oligopolios).

La fuente de esta tendencia a la concentración del capital en la terminología de Marx, radica en la composición orgánica del capital ya definida en capítulos anteriores, y en ciertos movimientos en el interior de dicha composición.

En efecto con el proceso de acumulación hemos visto que se amplía la fracción del capital constante (constituido por maquinarias, edificios, instalaciones, materias primas y demás materiales) frente al capital variable (mano de obra). Pero además también se amplía la proporción, dentro del capital constante, de lo invertido en maquinarias, edificios e instalaciones (los activos fijos en terminología contable) frente a la parte representada por materias primas y materiales. Todo esto produce un cambio de escala en los establecimientos industriales en favor de dimensiones cada vez mayores, pertenecientes a firmas cada vez más y más concentradas. Las mismas poseen economías de escala que les permiten bajar sus costos y vender más barato, dejando fuera de competencia a rivales de menos porte, y particularmente, de menor capacidad financiera, lo que les impide invertir para igualar dichas economías de escala.

Centralización del capital:

Ya hemos visto como la acumulación y la concentración del capital proceden a agrandar la escala de producción a partir de la reinversión continua de plusvalía creando activos nuevos. Además de la concentración ya discutido, Marx distingue un proceso que denomina Centralización del capital que tiene algunas características distintivas respecto de aquel. Se trata de la unificación de capitales ya existentes, ya sea porque los anteriores detentadores quedaron fuera de acción por la acción competitiva de los rivales financieramente más fuertes, o por el agregado voluntario de capitales en unidades más grandes, un proceso que en este caso no desapodera a los anteriores dueños del capital, pero quita empresas de la lucha competitiva. Lo que caracteriza al proceso de centralización según Marx, no es tanto la unicidad en la propiedad del capital de las empresas, como la dirección unificada de grandes compañías.

Un párrafo aparte merece lo que Marx llama sistema de crédito, que incluye bancos, financieras y entidades de inversión de todo tipo, sistema que favorece y lubrica este proceso de centralización, aspirando fondos del seno de la sociedad y poniéndolos a disposición de los capitalistas más grandes y sólidos. Así, la creación de sociedades por acciones de distinto carácter permitió acrecentar en un grado extraordinario el tamaño de las empresas más poderosas, al punto de permitirles acometer emprendimientos que de otro modo no hubieran sido posibles. Marx pone como ejemplo la construcción de ferrocarriles, que hubieran sido irrealizables para capitalistas individuales, por grandes que fueran.

El proceso de centralización, estudiado por Marx y sus sucesores, tiene tres consecuencias principales:

- Al aumentar en forma prodigiosa el tamaño de las empresas, impide que las mismas puedan ser dirigidas por los métodos habituales, favoreciendo la implantación de métodos racionales y científicos de dirección, lo que Marx esperaba que este proceso preludiara la dirección de las empresas socialistas del futuro.

- La centralización es a la vez producto y causa de la incorporación de tecnología a las compañías, de modo que el proceso de automatización se realimenta a sí mismo, eliminando mano de obra en el trayecto.

- Tiende a suprimir la competencia y fomentar el monopolio favoreciendo la creación de conglomerados inmensos. Este hecho hacía prever a Marx que no sólo la tendencia era en el sentido no solo de dejar en pie una única empresa por rama de actividad, sino a consolidar empresas actuantes en las distintas ramas de la industria bajo una dirección unificada.

Corporaciones:

La entrada en juego de las corporaciones fue estudiada con detenimiento por Marx y sus seguidores. Además de la enorme ampliación de escala de actuación que hemos mencionado arriba, distinguen otros fenómenos derivados de su surgimiento.

En primer lugar, aún dentro de los límites del capitalismo, las corporaciones representan de alguna forma la transformación de la propiedad privada de un capitalista en propiedad social, es decir propiedad de un conjunto de individuos, con las consecuencias que ello trae en la limitación del ejercicio de la voluntad de cada uno de los capitalistas. Por otro lado, la figura del capitalista propietario y a la vez director de su empresa se escinde en dos personajes distintos. Por un lado el propietario del capital, " liberado" de sus funciones ejecutivas al frente de la empresa y que se dedica a disfrutar de su propiedad, y por otro el gerente o director profesional, quien toma las decisiones día a día en representación de los propietarios de los fondos.. Esto es parte de la racionalización de la dirección empresarial y su fundamentación en principios científicos que Marx vislumbraba como preludio del socialismo, y a que nos referimos ya. Debemos agregar sin embargo que el radio de acción de los gerentes profesionales está restringido a las acciones y decisiones tácticas, ya que como veremos más abajo, las grandes decisiones estratégicas están en otras manos.

Con el surgimiento de las empresas por acciones y de los mercados de capitales un nuevo fenómeno tiene lugar: el propietario del capital cuenta con un sitio donde puede deshacerse de su propiedad accionaría y reencontrarse con su capital líquido para reinvertirlo en otro lugar, desinteresándose del destino de la anterior compañía, hecho de enormes consecuencias económicas en el accionar de las empresas, sociales y hasta psicológicas. El accionista pasa a estar más cerca del prestamista que facilita su dinero a la corporación en forma temporal, sólo que al quedar más expuesto a pérdidas que aquel demandará una tasa de retorno más alta para compensar el riesgo adicional corrido.

Otra figura importante que analizaron los seguidores de Marx es la que llamaron "promotor", quien lanza a los mercados de capitales los nuevos emprendimientos, recibiendo por lo regular grandes beneficios por esa tarea inicial. Esta función fue absorbida por los grandes bancos comerciales en Europa y por los llamados bancos de inversión en los Estados Unidos.

Estos hechos hicieron prever a dichos seguidores que el sistema sería en lo sucesivo regido enteramente por lo que llamaron "capital financiero", extrapolando en forma excesiva las tendencias que se evidenciaban y se evidencian todavía.

Hay aún un fenómeno adicional y sumamente importante producto de la aparición masiva de las corporaciones. Dado que la posesión de las acciones está normalmente dispersa entre un gran número de tenedores, para tomar el control de estas grandes unidades no hace falta tener ni representar el total y ni siquiera la mayoría de las acciones. Para las empresas realmente grandes el porcentaje de control suele oscilar entre la tercera y la cuarta parte de aquellas. Los detentadores de estos paquetes pueden decidir sobre los destinos del total de la empresa, ampliando su grado de control a montos de capital mucho mayores que los propios. Además, con los entrecruzamientos de acciones y otras combinaciones societarias, una empresa determinada puede hacerse del paquete de control de otra empresa, con lo cual el grupo de control de la primera extenderá su esfera de acción a ambas firmas, en un proceso que puede reiterarse innumerables veces. Aunque en este caso no hay desapoderamiento del resto de los accionistas de las empresas involucradas, y los mismos siguen cobrando sus dividendos, no tienen verdaderamente acceso a la dirección de las mismas, y delegan la totalidad de la responsabilidad al grupo controlante. Estos grupos han sido descritos a menudo como una "aristocracia financiera", que en realidad tendría en sus manos el destino de estos gigantes.

Combinaciones monopólicas:

Una etapa adicional en la limitación de la competencia son las combinaciones de distinto tipo entre empresas que actúan en un mismo mercado.

Con el aumento de tamaño que fue descripto en los párrafos anteriores, las empresas más grandes y de mayor capacidad financiera consiguen economías de escala y por lo tanto disminuciones de costos que les permiten vender a precios más bajos, lo que conduce a reducciones en las tasas de ganancia generalizadas, y llevan a la quiebra a numerosos competidores. Por ello los supervivientes comienzan tratativas para evitar la competencia salvaje y estabilizar los mercados y los precios. Los acuerdos cubren toda una gama de modalidades que van de lo informal a lo formal, comenzando por los llamados *gentlemen's agreements* que suelen ser acotados en el tiempo y de escaso alcance. Los llamados *pools* habitualmente involucran acuerdos de precios y cuotas de mercado y de producción para cada uno de los participantes. Los carteles y *trusts* son formalizados, y en el último caso se suele constituir un *board of trustees* que toma a su cargo la dirección de la combinación formada. Por último las fusiones implican la desaparición de los entes legales previos y la aparición de una nueva empresa de mayor tamaño.

Casi todos los países adoptaron en la primera mitad del siglo XX legislaciones antimonopólicas con el objeto de preservar la competencia en los mercados y proteger a los consumidores de los abusos y la voracidad de los carteles; los trusts fueron normalmente prohibidos, y se pusieron condiciones a las funciones que implican la obligación de las empresas que se están reorganizando de esta forma de desprenderse de determinado activos para evitar la reducción del número de oferentes en un cierto mercado. Los efectos reales de estas legislaciones han sido retardar el proceso de concentración, pero no lograron evitarlo por completo. Los mercados mundiales de una gran cantidad de industrias han sufrido procesos de concentración muy marcados, dejando en algunos casos pocos competidores a nivel planetario. Incluso industrias antes muy fragmentadas como la farmacéutica están hoy mucho más centralizadas que hace unas décadas.

Marx no llegó a vivir esta etapa de las combinaciones empresarias, Su amigo Friedrich Engels llegó a incorporar algunas notas propias al respecto al recopilar el tercer tomo de El Capital a partir de las notas dejadas por Marx.

Estos temas fueron retomados por autores económicos de todas las tendencias, y en realidad las discrepancias más importantes se relacionan con el significado que las mismas tienen respecto al futuro del sistema capitalista. La acción de los monopolios no fue sólo objeto de atención por parte de economistas y partidos políticos; asociaciones de consumidores y otras ONGs (organizaciones no gubernamentales han denunciado y combatido las prácticas monopólicas en diversos países

Capital financiero:

Ya hemos mencionado que los bancos jugaron un papel importante en el proceso que condujo a la concentración del capital y a la reducción de la competencia, pero es interesante seguir la evolución que ese papel ha tenido en el curso del último siglo y medio. Por su rol destacado en la emisión de acciones de las grandes compañías y la provisión de fondos para financiar el crecimiento de las mayores firmas en cada rama, los bancos aparecieron asociados a todos los procesos de cartelización de fines del siglo XIX y comienzos del siglo XX. Las empresas industriales no tenían más remedio que compartir decisiones con los banqueros que ponían sus fondos a disposición de aquellas para que pudieran cristalizar sus proyectos de inversión en nuevos activos o compra de empresas y fusiones entre ellas, que son procesos muy demandantes de capital. Algunos autores marxistas, incluyendo a Hilferding, extrapolaron esta tendencia al infinito prediciendo que finalmente quedaría una sola firma sobreviviente en cada rama de la industria, y que los bancos las dominarían por completo, constituyéndose en el verdadero poder central mundial. Esto originó una polémica muy intensa dentro del comunismo en la que intervino incluso Lenin, relativizando la posición más extrema.

El desarrollo posterior de los acontecimientos siguió un derrotero distinto al previsto por Hilferding. Pasada la primer oleada de concentración, las empresas industriales comenzaron a financiar su expansión posterior con fondos generados por sus propios negocios, ya sea utilidades no repartidas a los accionistas como dividendos, y sobre todo con los enormes fondos representado por las depreciaciones de activos fijos y amortizaciones, las que contablemente no constituyen ganancia pero son fondos que permanecen en el patrimonio de las empresas para su utilización. Los capitales autogenerados fueron tomando el papel central en la financiación de las empresas desplazando a los bancos a un papel importante pero subsidiario del capital industrial. Por otro lado, aunque la centralización prosiguió, en ningún caso se produjo la extrema concentración en una sola firma en cada rama, sino que habitualmente el proceso se frena cuando quedan varias empresas compitiendo entre sí, cada una de ellas con una participación importante en el mercado. Ir más allá en el proceso de concentración sería disfuncional, ya que eliminar a uno de esos competidores gigantes representaría costos muy superiores a los eventuales beneficios monopólicos que surgirían.

En las últimas décadas, en su deseo de liberarse de la dependencia de los bancos, las firmas que se han visto inmersas en procesos de fusiones y adquisiciones que superan su capacidad de autofinanciarse, han acudido directamente a los mercados de capitales a través no de los bancos comerciales- que prestan sus propios fondos, depositados en ellos por sus clientes- sino de los así llamados bancos de inversión, que no prestan fondos propios sino ayudan a aspirarlos del público a través de las bolsas de valores. Esto ha obligado a los grandes grupos industriales a realizar cambios importantes en su perfil empresario, para adaptarlo al paladar de los inversionistas guiados con frecuencia por empresas evaluadoras de riesgo y gurúes de todo tipo. Fue así que hemos presenciado el desmantelamiento de grandes conglomerados que incluían divisiones químicas, farmacéuticas, agroquímicas etc., dando lugar a empresas enormes pero más homogéneas en cuanto a su cartera de inversiones. De la misma forma, aunque por distintas razones, los bancos comerciales han sido obligados en algunos países a separarse patrimonialmente de sus bancos de inversión, de modo de evitar la contaminación cruzada de riesgos, en particular para los cuentacorrentistas de los bancos comerciales.

Aunque Marx no llegó a vivir para participar de estas discusiones, se ha considerado interesante tratarlas brevemente, ya que el rol del capital financiero está bajo discusión permanente en todos los países del mundo, incluso los centrales.

Las predicciones sobre la centralización del capital en un solo concurrente manejado por un solo banco muestran las limitaciones de las extrapolaciones realizadas en momentos particulares de la historia económica, tras lo cual las condiciones cambian profundamente al influjo de circunstancias que o no existían o habían sido ignoradas por no estar en el nivel de abstracción (para usar la terminología marxista) usado por el teórico. Es que el mismo concepto de niveles de abstracción, al dejar de lado factores que no parecen relevantes en un momento histórico, torna muy rígidos a los modelos basados en ellos cuando los factores postergados cobran dimensión y pasan a dictar la nueva realidad.

CAPÍTULO 13

Monopolios

Ya hemos visto en el capítulo anterior las causas que actuando en el seno de las sociedades capitalistas llevan eventualmente a la formación de monopolios. A continuación vamos a explorar sus efectos.

Marx explica que en los mercados dominados por monopolios los precios y cantidades de producción están determinados por el poder adquisitivo y los deseos de compra de los consumidores, sin referencia a los costos y al valor de los bienes, tal como surgen de la teoría del valor-trabajo. Es decir que no es válida aquí la tendencia de los precios reales de venta a acercarse al monto determinado por el contenido de trabajo social promedio para fabricar ese bien. En otras palabras, no es válida aquí la teoría del valor. Al no existir competencia, las empresas monopólicas colocarán sus precios de venta en el nivel más alto posible compatible con las posibilidades de los consumidores de pagarlos. En general, los precios de los mercados monopólicos son pues más altos que los de los mercados competitivos, y las cantidades producidas son menores. La posibilidad de los proveedores monopólicos de alzar sus precios está limitada sólo por la llamada elasticidad-precio del producto. Limitada la posibilidad de los consumidores de prescindir del producto o bien reemplazarlo por otro bien; en los casos de productos inelásticos los compradores están completamente n manos de los monopolios. En todo esto están de acuerdo los autores de todas las tendencias políticas.

Las tasas de beneficios monopólicas son lógicamente más altas que los de las empresas que trabajan en condiciones de competencia, cumpliéndose así el fin último de la acción monopólica. Ahora bien, ya que en realidad no se incrementa el valor de la producción total de la sociedad, dicha acción se constituye en un juego de suma cero, y la plusvalía extra que obtienen los monopolios la extraen del resto de la sociedad es decir de la masa total de salarios (capital variable) de los trabajadores, y de la plusvalía del resto de los capitalistas que no gozan de condiciones de monopolio. Cuanto quitan a cada una de estas dos fuentes depende del poder de negociación de los sindicatos obreros; si este es alto, sufrirán en mayor medida los beneficios de los demás capitalistas. De esta manera, toda la sociedad es perjudicada por la presencia en su seno de mercados monopólicos; de allí el fuerte respaldo que recibe en muchos países la acción *antitrust*.

Como los restantes empresarios carecen de la posibilidad de fijar sobreprecios monopólicos a sus productos, queda sin efecto también en este aspecto la tendencia a la igualación de las tasas de ganancia mencionada en capítulos anteriores; dicha tendencia seguirá sin embargo actuando en aquellos mercados que permanecen competitivos. La tendencia de los capitales a migrar a áreas de mayores tasas de ganancias ,también explicada antes, se ve entorpecida en el caso de la entrada a los mercados monopólicos por barreras efectivas al ingreso, sean éstas de naturaleza legal, tecnológicas, debidas a la exclusividad de ciertas materias primas, patentes, de acceso a fuentes de financiamiento muy grandes, etc. En general, allí donde las tecnologías están disponibles para todos los competidores, las escalas de producción son pequeñas o medianas, el acceso al crédito es amplio, no hay trabas jurídicas ni de otro tipo a la entrada de productores, los productos constituyen *commodities*, o sea bienes más o menos tipificados, de composición y fabricación muy similares con márgenes de beneficios reducidos, producidos por multitud de proveedores, ninguno de los cuales es determinante en la fijación del precio al que vende , de modo que los fabricantes son tomadores de precios del mercado, en una situación que está más o menos cercana a la competencia perfecta.

Monopolios y acumulación:

Los monopolios tienen una profunda influencia sobre el proceso de acumulación en el medio en que actúan. En general, cuanto más concentrado sea el capital en dicho medio, mayor será la proporción del mismo que se acumulará. Esto tiene que ver con la elevación de la tasa de plusvalía y de ganancia que los monopolios producen, lo que permite destinar una parte mayor a la reinversión.

Sin embargo, una de las condiciones del mantenimiento del monopolio es no ampliar la oferta de los bienes abarcados por él, lo que conduciría a la reducción de su precio y de la sobre ganancia. En definitiva, los monopolios no sólo mantienen alejados a los potenciales competidores mediante su manejo de las barreras de entrada al negocio, sino que además limitan su propia reinversión en el rubro monopolizado, eliminando cualquier probabilidad de sobreoferta.

Están entonces forzados a destinar el excedente de sus ganancias a inversiones fuera del rubro monopolizado, aun cuando la tasa de ganancia sea menor en ellos que en su esfera de dominio. Lo que ocurre es que deben defender la sobre ganancia de origen monopólico a cualquier precio, y el lucro cesante producido por invertir en áreas de rentabilidad más reducida se ve compensado con creces por la conservación de la sobre ganancia aludida. Por ello buscan mantener el mercado que dominan sin desabastecimiento pero también sin oferta excedentaria.

Al destinar el capital acumulado a mercados competitivos que ya tienen su oferta satisfecha por otros competidores, aumentarán en ellos lo que los autores marxistas consideran es el riesgo de crisis de subconsumo o sobreproducción, En capítulos anteriores hemos sin embargo relativizado el alcance de las mismas. Otra conclusión a la que arriban los discípulos de Marx es que la incorporación de innovaciones tecnológicas en los sectores monopólicos es más lenta que en otras esferas económicas, y que en general están concentradas en reemplazar la mano de obra por máquinas más que en ampliar las escalas de producción.

Rol del Comercio:

El rol del comercio fue tratado por Marx en forma circunstancial y no constituye la parte más brillante de su teoría. Lo hemos mencionado al pasar dentro del tema de los gastos improductivos en capítulos anteriores, y le dedicaremos un párrafo más amplio en este contexto.

Hemos visto que el valor de una mercancía está determinado según Marx por la suma de los capitales constante, variable y la plusvalía expresadas en el proceso de producción del bien exclusivamente: el capital constante incluye las materias primas y los equipos e instalaciones fabriles, el capital variable incorpora los salarios de la mano de obra productiva, y la plusvalía es la del empresario industrial. ¿De dónde surgen entonces los gastos incurridos por el comerciante y su propio beneficio en el proceso de llevar las mercancías a los usuarios finales? Marx responde que son solamente quitas en la plusvalía del empresario industrial, que hacen disminuir su beneficio, y al diluirla en un número de manos mayor, rebajan la tasa de ganancia promedio de una sociedad. Todos los gastos y ganancias del sector comercial son estériles y la mano de obra ocupada en él y sus consumos son igualmente improductivos. De alguna forma Marx separa los gastos de transporte y almacenamiento-lo que llamaríamos hoy día gastos en logística- y los agrega a los gastos de producción y por lo tanto al valor de un bien, aun cuando sean incurridos por el comerciante, como frecuentemente ocurre. Pero los gastos del personal de ventas, contable, administrativo, etc. y la ganancia del comerciante permanecen improductivos, y el sector en conjunto tendría un rol parasitario. Por esa razón, cuando discutimos los gastos improductivos en el contexto de las crisis de sobreproducción, se asignó tal carácter a los empleados de comercio, junto con los siervos de la gleba, etc.

En definitiva, el comercio tiene según el análisis marxista tres efectos globales sobre el desarrollo del capitalismo:

1) Incrementa los costos del sistema, reduciendo la plusvalía total disponible, lo que lentifica el proceso de acumulación.

2) Distribuye la ganancia entre un número mayor de unidades empresarias, lo que disminuye la tasa de ganancia. Más arriba explicamos que esto en sí mismo retrasa adicionalmente la acumulación.

3) Aumenta el consumo, al agregar un número de bocas que obtienen un ingreso por su trabajo.

Los tres factores, como hemos visto en los capítulos anteriores, tienen un efecto antagónico al surgimiento de crisis de sobreproducción o subconsumo.

Cualquiera sea la opinión que merezca la categorización que Marx hace del comercio y de las personas involucradas en él, debe notarse que mantener la coherencia del esquema marxista conlleva ciertas definiciones duras. En el caso del comercio, esta categorización es por lo menos llamativa, ya que se trataba de una actividad antigua, autónoma e importante ya en la época de Marx; adicionalmente podría pensarse que el autor podría haber expandido la noción de creación de valor a todas aquellas actividades necesarias para que un bien alcanzase a sus usuarios finales y adaptar el esquema económico a esta definición sin mayores problemas. Pero es posible que este concepto no estuviera en el ADN marxista original, y los sucesores no hayan tenido la autonomía para modificar la opción del maestro. Cabe igualmente preguntarse si, junto con el fracaso de la planificación centralizada, este desdén por la distribución de las mercancías no esté en la base de las tristes e interminables colas de compradores en busca de los bienes esenciales para la vida que eran la realidad diaria en la gris ex Unión Soviética.

Consecuencias:

Hemos visto que los seguidores de Marx describen que, a partir de un cierto grado de concentración en una industria determinada, la competencia entre los jugadores monopólicos- o más bien oligopólicos- remanentes, la lucha cesa de estar representada por bajas de precios sucesivas para desalojar a los demás, la que es reemplazada por acciones publicitarias y en general ligadas al canal comercial y de distribución, al que asignan un carácter parasitario. Esta afirmación es cuanto menos dudosa, ya que atribuir a las acciones de publicidad una naturaleza monopólica es una contradicción de términos; se trata en realidad de medidas competitivas alternativas a la baja de precios y existieron siempre; la única novedad es el tamaño de las empresas que compiten de esta forma, y la naturaleza masiva de los medios por los que estas acciones habitualmente discurren,

Con respecto a las consecuencias políticas de este crecimiento del sector de comercialización y distribución Marx y sus discípulos arremetieron contra la clase media en formación, de mucho menor peso en su tiempo que en la actualidad. La misma está formada por toda clase de profesionales, técnicos, burócratas del Estado y del sector privado, pequeños comerciantes, y se ve en realidad realimentada por los empleados del sector comercial, logístico, publicitario, etc.

Como Marx sólo admitía la plusvalía creada en el sector industrial, no concebía que a estos trabajadores sus patrones les estén a su vez extrayendo una plusvalía. Por ello, tanto patrones como empleados de estos sectores (comercial, etc.) obtienen sus ingresos quitándoselos a la plusvalía de los empresarios industriales. Este hecho produciría una comunidad de intereses entre dichos patrones y empleados, o al menos un menor antagonismo que el existente en el sector industrial. En consecuencia, argumentan los autores marxistas, la clase media se aliará con los burgueses y contra los proletarios en la defensa del capitalismo y sus medios de vida, que provienen de la tasa de plusvalía del sector industrial. Esta conclusión coincide quizás con las alianzas observables en la realidad, pero le suministra una explicación discutible, fruto de la rigidez de las definiciones mencionadas.

CAPÍTULO 14

Economía Global

Marx preveía que los principios y leyes de su economía política eran válidos a nivel nacional. El comercio internacional estaba ya en su tiempo muy extendido, pero no había alcanzado los niveles de integración y de universalidad que hoy tienen. Las economías de la última mitad del siglo XIX eran básicamente economías nacionales con vínculos de ultramar de importancia variada.

Una pregunta clave es si la ley del valor, como la formulara Marx, sigue siendo válida a nivel mundial; en particular es pertinente preguntarse si las mercancías tienden a intercambiarse entre sí en base al valor calculado sobre el contenido de tiempo de trabajo social promedio. Debemos recordar que tal premisa está fundada en la movilidad de la fuerza de trabajo, la que migra de una industria a otra movida por los niveles de remuneración que puede obtener en ellas. Asimismo, los capitales son libres de moverse de una rama de producción a otra guiados por las tasas de ganancia que en ellos imperan.

Debemos anticipar que estas premisas no se cumplen totalmente a escala internacional.

En particular la movilidad internacional de la mano de obra dista de ser tan fluida como dentro de los confines de cada país. Existen numerosos impedimentos a los flujos masivos de población, ya sea de tipo legal, por los costos de transporte e instalación en un nuevo ambiente, incluyendo los costos económicos, personales y psíquicos asociados con los choques interculturales, problema nunca fácil de resolver.

Los movimientos internacionales de capital, aunque no tan expuestos a avatares como el desplazamiento humano, pueden ser también problemáticos por razones impositivas, legales, existencia de proteccionismo, etc. Pero lo que en definitiva impide la actuación de la ley del valor a escala planetaria es la escasa movilidad de los trabajadores. De acuerdo con los autores marxistas podemos enunciar una regla general de la siguiente manera: **sólo donde hay una fuerza de trabajo homogénea y móvil actúa la ley del valor**, es decir, los bienes tienden a intercambiarse según su contenido de tiempo de trabajo social promedio.

No podemos entonces esperar que los bienes transados internacionalmente se cambien en proporción a los contenidos de tiempo de trabajo heterogéneos.

Como los niveles de salarios son disimiles en distintos países, también podemos esperar que las tasas de plusvalía lo sean, y si el único factor actuante es el comercio, también lo serán las tasas de ganancia. Si concurrentemente con el intercambio comercial hay exportación de capitales- en general un flujo de capitales de los países desarrollados a los de menor desarrollo comparativo- las tasas de ganancia tenderán a igualarse, ya que los fondos que emigran de países de alto desarrollo y bajas tasas llegan a países de altas tasas, las que paulatinamente comienzan a descender a medida que se saturan las oportunidades de inversión más rentables,

La tendencia a la igualación internacional de las tasas de ganancia no implica una similar tendencia a la igualación de las tasas de plusvalía. Ello es debido a que , como se explicó más arriba, ellas obedecen a distintas causas: las tasas de ganancia se homogeneizan por la exportación de capitales, la que en general está bastante libre de restricciones que puedan coartarla, ya que la mayoría de los países están dispuestos y aún ansiosos por recibir capitales del exterior. En cambio, tal como se manifestó, si existen restricciones a los movimientos de personas portadoras de fuerza de trabajo, y por ello ni los salarios, ni las plusvalías se igualan en los distintos países. Dado que hay una fórmula que liga a los tres valores y que hemos deducido y utilizado en capítulos anteriores, podemos ahora agregar que si la tasa de ganancia tiende a uniformizarse en distintos países por la migración de capitales, y las tasas de plusvalía no se uniformizan por la menor emigración de mano de obra, la composición orgánica del capital será también diferente en dichos países.

Otra conclusión importante es que un país desarrollado no puede extraer plusvalía de otro más atrasado sólo mediante el comercio, ya que, como hemos visto, la plusvalía es una magnitud asociada a actividades de producción. Cualquier ganancia que se origine en el comercio internacional provendrá de una plusvalía realizada en el país de origen, donde el bien fue producido. Para poder extraer plusvalía de un país subdesarrollado, los capitales foráneos deben radicarse en él y producir mercancías y plusvalía en el país anfitrión.

Una interpretación generalizada de los autores marxistas es que las características de la economía mundial, tanto en lo relativo al comercio internacional como a los movimientos de capital, tienden a retardar los problemas asociados con las contradicciones producidas por la acumulación del capital, en particular la propensión a las crisis debidas a la sobreproducción o subconsumo; ya se habló en capítulos anteriores sobre dichas crisis, de modo que no se repetirá el análisis.

Otro factor distintivo de la economía mundial es la mayor predisposición de los gobiernos a tomar partido decididamente entre los intereses en juego apoyando obviamente a los de los nacionales en el exterior. Ello es posible dado que logran obtener respaldo de las sociedad unificada tras un real o presunto "interés nacional" uniendo a las diferentes clases y sectores tras de la política del gobierno, apelando si es necesario al nacionalismo y aún al chauvinismo. Este apoyo es mucho más difícil de obtener en temas de economía interna, donde los diversos sectores tienen intereses claramente opuestos. Según algunos autores marxistas, en las relaciones económicas internacionales de un país tienden a prevalecer los intereses de los capitalistas y de otras clases asociadas, como los terratenientes, ya que son sus productos los que el país debe proteger frente a la competencia de productos importados, o por el contrario ayudar a abrirles camino en el exterior. La clase obrera, cuya mercancía es la fuerza de trabajo que no es transable internacionalmente, tendría según dichos autores, poco en juego en la economía mundial. Esta apreciación es cuando menos dudosa, habida cuenta de que al fomentar la exportación de bienes al exterior o dificultar la entrada de mercancías importadas, se amplía en realidad la demanda de fuerza de trabajo, posibilitando así los reclamos de incrementos de salarios. Es éste otro caso en el que el uso inadecuado de la abstracción impide divisar claramente la totalidad de los intereses en juego. Es que en realidad, hay una comunidad de intereses de las distintas clases en el sentido de ampliar el mercado para los propios productos; no en todos los casos prevalece un juego de suma cero, donde lo que uno gana lo pierde el otro; hay procesos en los que todas las clases y sectores pueden ganar o perder simultáneamente, y el comercio internacional es sin duda una arena donde transcurren ese tipo de procesos.

Librecambio vs. Proteccionismo:

Es esta una de las disyuntivas más importantes en materia de relaciones económicas internacionales. Los antecedentes comparativos de mayor significación que han sido habitualmente estudiados son los casos de Inglaterra y Estados Unidos desde fines del siglo XVIII hasta la década de 1870 aproximadamente,

En Inglaterra existía una clase noble rural con notable poder político y tradición de fuerte defensa de sus intereses particulares. Ellos consistían en proteger a toda costa la producción local de alimentos contra las importaciones más baratas procedentes del exterior por medio de impuestos y otras barreras. Esto originaba alto costo de vida para la población inglesa y en particular para la clase obrera, y por lo tanto valores elevados del capital variable.

Los intereses de la creciente industria inglesa eran exactamente opuestos. El país contaba con una industria que se había desarrollado tempranamente, se encontraba en la punta de la tecnología de la época y tenía economías de escala que otros países no podían igualar ; en resumen era sumamente competitiva en calidad y precios y no temía la competencia importada. Por ello desarrollaron una ideología de naturaleza librecambista, que era la más adecuada para abrirles mercado en el exterior. Uno de las demandas más importantes del sector industrial era la eliminación de las restricciones a la importación de alimentos, que son bienes-salario, es decir de los cuales depende el costo de vida en particular de la clase obrera y fijan el nivel salarial. La interpretación marxista consiste en señalar que esto permite subir la tasa de plusvalía de los empresarios industriales al bajar el capital variable.

Luego de enconadas luchas políticas en Inglaterra, la pujante clase industrialista impuso sus intereses sobre la clase terrateniente, en particular por la derogación en 1846 de las *Corn Laws* (leyes cerealistas) que hacían prohibitivo importar granos. Esto trajo como consecuencia el eclipse político de la nobleza rural, y el país se convirtió en el adalid del librecambio en el mundo.

En Estados Unidos la situación era prácticamente simétrica. Existía una vieja clase terrateniente en los estados del sur, ligada a la producción agrícola de alimentos y sobre todo de algodón, que era su principal producto de exportación- en buena medida a Inglaterra- y para el cual requerían la apertura de mercados externos; esto los convertía objetivamente en aliados de la clase industrial inglesa.

Por el contrario, la incipiente industria en los estados de nordeste pujaba por abrirse paso luchando contra la competencia importada, y demandaba la protección para sus productos. Esta contradicción objetiva entre los intereses concretos de los estamentos dominantes en los estados del sur y del norte fue, junto con el tema del esclavismo y otros, una de las causas de la guerra civil en ese país.

También es este caso la guerra civil terminó con el triunfo de los intereses industrialistas, que a diferencia de la inglesa era proteccionista. Sin embargo no se trata de una ideología proteccionista a ultranza sino que se la justificaba como necesaria en el período que industria estadounidense necesitaba para desarrollarse y equiparar las ventajas competitivas de la inglesa. En el fondo subyacía la ideología liberal como el paradigma más adecuado a nivel mundial, y una vez los Estados Unidos lograron convertirse en una potencia industrial global, viraron su estrategia a la defensa del librecambio.

La polémica librecambio-proteccionismo se reprodujo en casi todos los países y en alguna medida persiste hasta nuestros días. En general el desarrollo de los acontecimientos ha sido una lenta evolución desde el mercantilismo del siglo XVIII hacia la relativamente amplia libertad de comercio de nuestros días.

La interpretación dada más arriba sobre este tema no es exclusiva de los autores marxistas, sino que, como hemos explicado en casos anteriores, es compartida por economistas de todas las tendencias que intenten realizar una lectura objetiva de la realidad.

Evolución del comercio:

El sistema mercantilista que se extendió por siglos hasta fines del XIX, establecía severas restricciones al comercio entre países y sus esferas de influencia. En efecto, España Portugal, Holanda, Francia e Inglaterra fijaban férreamente controles sobre sus imperios coloniales de forma tal de reservar para sus nacionales y empresas los beneficios de la importación de materias primas y exportación de manufacturas: En general el intercambio con terceros países estaba vedado, aunque el contrabando era muy difícil de evitar. Por ejemplo, la ciudad-puerto de Buenos Aires, en los principios poco más que una aldea, era un activo centro de contrabando, dado su carácter marginal y remoto, apartado de todas las rutas principales por su lejanía con Lima, que la tornaban difícil de controlar por España.

Este sistema mercantilista fue relajándose paulatinamente, en no menor medida por los procesos independentistas de los territorios de América del Norte y del Sur, y finalmente recibió un tiro de gracia de manos de la industria inglesa, reacia a cualquier restricción a su expansión ilimitada. Aunque la extensión de los imperios coloniales prosiguió hasta fines del siglo XIX, el {ámbito del mercantilismo se fue reduciendo espacialmente.

Con el advenimiento de la fase monopólica del capitalismo, prosigue el análisis marxista, un nuevo fenómeno sale a la luz, Vimos antes que las empresas que gozan de privilegios monopólicos en sus mercados de origen tienden a limitar la producción porque de esa manera mantienen las sobre ganancias monopólicas, las que disminuirían en un mercado abastecido en exceso. Esto les provoca sin embargo lucro cesante por mantener instalaciones de producción parcialmente inactivas. El acceder a los mercados mundiales les permite llenar esas capacidades ociosas, y forzar su ingreso a esos mercados externos, si hace falta, bajando los precios de venta a niveles a los que otros competidores difícilmente puedan arribar. En este proceso, llamado *dumping*, las firmas monopólicas subsidian sus ventas externas con las sobre ganancias monopólicas obtenidas en sus mercados domésticos, logrando optimizar su economía global al utilizar plenamente su capacidad productiva.

Estas maniobras han dado origen a legislaciones *antidumping* en numerosos países que buscan limitar estas prácticas predatorias en sus propios mercados, pero dichas legislaciones no siempre son fáciles de aplicar por carencia de información sobre costos y precios en el exterior, y la posibilidad de retaliaciones de los países afectados.

En el contexto de las luchas monopólicas, prosigue el análisis marxista, se exacerba la lucha entre un grupo reducido de potencias europeas por la conquista de colonias en todo el mundo. En África, que hasta mediados del siglo XIX solo tenía algunos- aunque importantes- enclaves europeos, fue íntegramente colonizada por Inglaterra Francia, Bélgica, y en menor medida Alemania y Portugal. Las colonias se expandieron también en distintas zonas de Asia. Las razones estaban fuertemente ligadas a cuestiones económicas, tanto en lo relativo a reservas de los mercados internos de las zonas conquistados para las empresas de la potencia dominante como para asegurarse las fuentes de materias primas que se hallaban en las mismas.

En ese período se realizan importantes exportaciones de capital, tanto a las nuevas colonias como a países independientes en América, Dichas inversiones en general estaban destinadas a explotaciones agrícolas y mineras para proveer de materias primas a las metrópolis, vías férreas, portuarias y de comunicación para extraer dichos productos, otras obras de infraestructura con el mismo objeto, y actividades comerciales. Obviamente no se hicieron inversiones en industrias que pudieran competir con las de las metrópolis.

El marxismo dedicó muchos esfuerzos a analizar este proceso, denominado imperialismo por Lenin, en el cual un puñado de países llegó a dominar inmensas áreas del mundo. El mundo ha cambiado tanto desde entonces que estos estudios tienen un valor mayormente histórico, y aunque sin duda pueden explicar la génesis de muchas situaciones actuales, sus efectos se han ido diluyendo rápidamente en las décadas posteriores a la Segunda Guerra Mundial.

CAPÍTULO 15

La Vía Reformista

No son los marxistas los únicos que a lo largo del último par de siglos han intentado introducir cambios en el sistema capitalista, con el objeto de humanizar las relaciones económico-sociales y esparcir los beneficios de la expansión que aquel indudablemente produce en sectores más vastos de la población. En efecto, partidos y organizaciones de tendencia liberal o socialdemócrata han luchado por introducir reformas en el sistema usando la vía política y pacífica, y descartando las acciones de tipo revolucionario, por el costo en sufrimiento humano y la limitación a las libertades que ellas invariablemente implican.

A continuación haremos un breve repaso de la actitud de los marxistas respecto a tales intentos, que servirá como preludio para el siguiente capítulo, en que se discutirá el tema de la construcción del socialismo.

La actitud general ha sido desvalorizar los intentos reformistas, basándose en el siguiente esquema de ideas:

- Para poder introducir cambios sustantivos en la sociedad, las fuerzas socialistas deben ocupar todos los espacios de poder importantes, en los planos político y social. Esto incluye la justicia, para evitar que se convierta en un reducto burgués que consiga neutralizar las reformas políticas.

- Deben desalojar a la burguesía de todo nicho de poder económico, para evitar que puedan sabotear los esfuerzos reformistas. Esto es debido a los innegables vínculos entre los planos económico y político

- Deben ejercer el monopolio de la fuerza y de la violencia para evitar que acciones armadas en defensa del viejo orden aborten el proceso de cambio. Esto implica someter al control popular a las fuerzas armadas y de seguridad.

- Los sectores de la burguesía no pueden allanarse a tales modificaciones que las condenaría a la impotencia, por lo que la vía reformista es ilusoria e inviable.

- La única alternativa válida para los agentes de la transformación es protagonizar una verdadera dictadura desde el inicio, sea que la misma se denomine "dictadura del proletariado "sin ambages o se la denomine con algún nombre alternativo como "democracia popular" o similares. No puede permitirse a las fuerzas de la reacción desviar, sobornar o disuadir a los revolucionarios de su propósito. En estas circunstancias, permitir expresarse a voces opositoras es un lujo que no pueden permitirse.

Se trata en definitiva de posturas maximalistas, es decir que no asignan ningún valor a procesos que no tengan como corolario único y necesario la simple y llana instauración del comunismo al cabo de los mismos. Dado que las masas no reclaman este final como única alternativa válida, sino que pugnan por llevar a cabo otros procesos de reformas que mejoren su condición progresivamente pero dentro del sistema capitalista, es necesario que "vanguardias ilustradas", es decir élites esclarecidas que tengan conciencia de la futilidad de toda otro curso de acción dirijan los procesos de cambio en nombre de dichas masas. No hace falta que dichas vanguardias consulten a los dirigidos sino que su única interlocutora debe ser la Historia, de la cual son intérpretes exclusivos. No es el primer caso en que una ideología lleva a la arrogancia y la soberbia.

Huelga decir que estos puntos no siempre están enunciados explícitamente, pero no hace falta rascar mucho bajo la superficie para ponerlos al descubierto.

Esta posición principista extrema ha sufrido una profunda erosión bajo la impiadosa acción de la realidad, no sólo en los numerosos países que han abandonado la órbita socialista. Leemos en el Artículo 11 de la Constitución de la República Popular Chuna:

"La economía individual de trabajadores urbanos y rurales, actuando dentro de los límites prescritos por la ley, es un complemento de la economía pública socialista. El estado protege los derechos e intereses legales de la economía individual. El estado guía, supervisa y ayuda a la economías individual ejerciendo control administrativo" (traducción del autor, (1))

(1) (Article 11. The individual economy of urban and rural working people, operated within the limits prescribed by law, is a complement to the socialist public economy. The state protects the lawful rights and interests of the individual economy. The state guides, helps and supervises the individual economy by exercising administrative control.)

A su vez, el artículo 13 del mismo documento establece

El estado protege el derecho de los ciudadanos a poseer ingresos y ahorros legalmente obtenidos, y casas y otras propiedades legales. El estado protege por ley el derecho de los ciudadanos a heredar propiedad privada (ídem (2))

(2) Article 13. The state protects the right of citizens to own lawfully earned income, savings, houses and other lawful property. The state protects by law the right of citizens to inherit private property.

Estos textos, como el número del articulado lo sugiere, no son marginales sino que están en el plexo central de la constitución china, mezclados con otros que describen el *status* de la "sagrada" propiedad pública. Lo más significativo es que no describen un estado de cosas transitorio en un proceso hacia la total colectivización de la propiedad, sino que inversamente, provienen de un país que resurge de las tinieblas de la Revolución Cultural de Mao hacia un estado de prosperidad y bienestar jamás conocido por la población china en su historia milenaria.

El mensaje es claro: el colectivismo intransigente fue y es mantenido por dictaduras anacrónicas que terminan aplastadas (por suerte sin efusión de sangre) o por teóricos líricos que jamás tuvieron la responsabilidad de gobernar ni interpretar los deseos de sus ciudadanos. A la larga, ya pesar de las burlas de Marx y Lenin que los denominaban peyorativamente "socialistas utópicos" o románticos, la vía reformista ha sobrevivido a la ortodoxia marxista.

CAPÍTULO 16

La Construcción Del Socialismo

Marx hizo numerosas referencias a la nueva sociedad que habría de emerger, las que se hallan dispersas en sus trabajos y publicaciones, pero en ningún sitio se encuentra un tratamiento sistemático del proceso previsto para dicho tránsito, lo cual ha dado origen a innumerables especulaciones e interpretaciones de las razones de tal carencia, ya que no es lógico que permanezca en penumbras un aspecto tan relevante como la naturaleza del mundo hacia el cual se propone marchar a toda la humanidad. Las posibles razones de tal ausencia son, entre otras, las siguientes:

- La natural dificultad de imaginar tal transición y la meta a alcanzar, aun más lejana en la época de Marx.

- La imposibilidad de deducir y describir ese recorrido y esa meta en términos científicos, requisito que Marx se auto exigía para su teoría.

- Su creencia de que en definitiva, las masas clamarían desesperadas por salir del capitalismo, asfixiadas por su situación dentro de ese sistema, más que sentirse atraídas por las bondades de un sistema alternativo.

- Su convicción de que dar una cierta imagen de la sociedad hacia la que se tendía sólo serviría para concentrar el debate en discusiones estériles, en vez de enfocarlo en la tarea de superación del capitalismo.

Marx dividía la evolución futura del sistema en dos partes discernibles:

i.   Una fase de transición del sistema capitalista, supuestamente en llamas, hacia el socialismo, que tendría lugar a través de la dictadura del proletariado. Esta etapa tendría aun una impronta muy fuerte del sistema que se estaba abandonando, las cuales habría que superar con prontitud.

ii.   La etapa de comunismo pleno.

En el Manifiesto Comunista, Marx enumera una serie de medidas a tomar para comenzar el tránsito en la primera fase.

i.   Expropiación de las tierras y uso de la renta agraria para fines públicos. La colectivización de la tierra se opone a la subdivisión de la misma entre aquellos que la trabajan, como era el deseo de los campesinos pobres, solución considerada "reaccionaria". Lograr el apoyo o al menos la neutralidad de las enormes masas campesinas era un objetivo crítico en cualquier país donde se viviera un proceso revolucionario, aun los avanzados de la época. Se dejaba constancia que las masas campesinas debían mejorar sus condiciones de vida con el cambio, para ganarlas para la causa de la revolución. También era un objetivo relacionado con este tema aumentar la producción agrícola y ganadera, para proveer más alimentos para la población. Ninguno de estos fines fue logrado en setenta años de comunismo en la Unión Soviética. Las masas campesinas nunca apoyaron la revolución bolchevique, la actitud de las mismas fue luego de desaliento y no cooperación, y las crisis de falta de cereales y la escasez de alimentos fueron una constante en todo ese prolongado período. No cabe duda de que la cuestión agraria, tal como la había concebido Marx y la llevaron a cabo sus seguidores, fue un fracaso permanente.

ii. Impuesto a los ingresos progresivo y fuerte, en realidad confiscatorio. En la primera etapa de la construcción del socialismo las desigualdades de ingresos persisten, ya que aún quedan propietarios de empresas y sueldos diferenciados para el personal jerárquico. Mientras la nueva sociedad con iguales salarios para todos se va desarrollando, un fuerte impuesto a los ingresos mayores tenderá a equiparar los ingresos post-impuestos de los distintos estratos. En la práctica, luego del extenso período comunista antes citado, los ingresos de los funcionarios del estado soviético, directivos de las empresas estatales y jerarcas del Partido Comunista (en conjunto la llamada Nomenklatura) eran mucho mayores que los de los ciudadanos comunes. En realidad, la igualación de los ingresos para todos los trabajadores es una utopía irrealizable si se desea mantener un estado en funcionamiento. Distintas personas con diversas capacidades y disposiciones para el trabajo demandarán mayores ingresos para realizar trabajos más productivos.

iii. Abolición del derecho a la herencia. En principio, según Marx, los individuos sólo pueden poseer bienes de consumo para su propio uso. Por ello, nada debiera ser heredable. En efecto, si bien el comunismo debió allanarse a la desigualdad de ingresos por la razón citada en el punto ii, no es justificable la existencia de familias más acomodadas que otras en un estado comunista. Esta premisa tampoco se cumplió en la práctica, dado que el mayor bienestar de los miembros de la burocracia estatal se extendía a sus familiares. En el capítulo anterior hemos leído en la Constitución china que este principio fue abandonado

iv. Confiscación de la propiedad de los emigrantes y enemigos. Esta era una medida transitoria en tiempos de revolución, y apuntaba no sólo a allegar fondos al estado sino a privárselos a cualquier intento contrarrevolucionario que los enemigos de los bolcheviques pudieran urdir.

v. Monopolio estatal del crédito, por medio de un banco de propiedad pública. Esta es una medida transitoria hasta llegar al momento en que todos los medios de producción estén en manos de estado. Mientras siga habiendo un remanente de empresas privadas, el estado monopolizará el crédito llevando a la asfixia por falta de fondos a aquellas que no le interesen, y forzando la desaparición de un sector financiero privado. Una vez que toda la producción y distribución esté centralmente planificada, simplemente no habrá necesidad de crédito, al menos para fines productivos.

vi. Monopolio de las comunicaciones y el transporte en manos del Estado. El objeto es privar a la burguesía del manejo de este sector importante y ponerlo bajo control del Estado, con fines sociales.

vii. Ampliación de la producción industrial y agraria bajo planificación central estatal. El propósito original era ampliar la oferta de bienes para el proletariado, más allá de lo logrado en esta área por el sistema capitalista. El fracaso total del "socialismo real" en la URSS y sus satélites en abastecer bienes de consumo a sus poblaciones fue sin duda un factor fundamental en la falta de apoyo de éstas durante la caída del régimen comunista

viii. Igual obligación de trabajar para todos; establecimiento de "ejércitos industriales", sobre todo en agricultura. Eliminación del parasitismo; no trabajar dejará de ser una opción disponible, excepto para niños y ancianos. Para asegurarse los medios de subsistencia habrá que trabajar. El llamamiento a formar "ejércitos industriales" en agricultura estaba relacionado con modificar la personalidad de los trabajadores, para promover la eficiencia laboral, eliminando actitudes que la disminuyeran.

ix. Abolición de la separación entre ciudad y campo, distribución de la población en los territorios. Combinación entre industria y agricultura. No se debe olvidar que Marx consideraba a los campesinos como "una clase bárbara", a la vez que hablaba del "idiotismo de la vida rural". Los campesinos deben incorporar pautas de vida, culturales y tecnológicas que se dan en las ciudades. Reconoce al capitalismo haber logrado las condiciones de desarrollo materiales para una "síntesis superior" entre industria y agricultura, "una de las primeras condiciones para la vida comunal".

x. Educación libre para todos los niños. Abolición del trabajo infantil en su forma actual, combinación de educación y producción industrial. En la época en que esto fue escrito la educación no era ni universal ni gratuita. Marx probablemente no estaba pensando en dejar el rol de educador en manos del estado, sino más bien en entidades públicas que deberían surgir del seno de la sociedad, y limitar la acción estatal al diseño de los contenidos y el control del aprendizaje, quizás a través de inspectores de escuelas como existían en los Estados Unidos. No deseaba que los niños estuvieran confinados en la escuela, sino que repartieran su tiempo entre la educación, las actividades productivas y la gimnasia. Los objetivos de esta combinación eran lograr seres humanos integrales y fomentar la productividad en el trabajo. En general, el socialismo logró expandir notablemente los beneficios de la educación dondequiera se implantó. Sin embargo, hay que reconocer que en el mundo capitalista, al menos en los países desarrollados y aun en los de desarrollo más reciente, ocurrió un proceso de naturaleza y resultados equivalentes, y puede sin duda afirmarse, que el énfasis puesto en la educación ha sido en todas partes un prerrequisito para el concomitante desarrollo económico.

La lectura de este decálogo de medidas de implementación inmediata para la instauración de la etapa de transición al socialismo sugiere algunas conclusiones importantes.

En primer lugar, la constatación del fracaso del socialismo en lograr algunos resultados esenciales, entre ellos mencionaremos:

- La resolución de la cuestión agraria. El comunismo no pudo lograr ni la adhesión del campesinado, ni asegurar la obtención del autoabastecimiento alimentario para su población.

- Sobrepasar al capitalismo en la ampliación de la base productiva, productividad por trabajador ni innovación. La acumulación capitalista y su sistema de incentivos terminaron por imponerse sobre la producción en los países comunistas.

- La extensión del comunismo al resto del mundo a partir de los núcleos originales.

En segundo término, la lectura atenta del mencionado decálogo decantará la imagen global de un estado todopoderoso, invadiendo todas las esferas de acción del individuo y determinando todas sus acciones, coartando su iniciativa y reduciéndolo a poco más que un robot, una abeja obrera en un inmenso panal humano. Los testimonios de las personas que vivieron tras de la Cortina de Hierro comprueban que esta imagen refleja adecuadamente lo que ocurría en ese universo gris.

Dictadura del proletariado:

Luego de las sangrientas tiranías de los períodos nazi fascista y estalinista, los discípulos de Marx trataron de despegarse de las connotaciones del término, con el argumento de que en realidad estaba inspirado en el título de dictador usado para períodos transitorios en la República Romana, mientras acechaban enemigos y peligros externos. Esto quitaría al término su significación de violación sistemática de los derechos humanos, hoy día insostenible.

Tales intentos de justificación no son consistentes. Marx asociaba el período de dictadura del proletariado con un lapso prolongado de revolución permanente mientras dura el tránsito de la sociedad capitalista plena a la sociedad comunista plena. En esa fase coexisten el proletariado con las restantes clases, que intentarán mantener el *status quo.* Por ello, Marx no duda en propiciar la remoción o transformación a la fuerza de esas otras clases. Aunque en principio recomendaba aplicar medidas de tipo económico, como las confiscaciones. explícitamente aceptaba el uso de la violencia ("la partera de la Historia" según sus palabras).

Tomaba como aproximación de una dictadura de tal naturaleza a la Comuna de París, en la cual todas las autoridades fueron depuestas y reemplazadas por un organismo con potestades tanto ejecutivas como legislativas, cuyos miembros tenían poderes revocables de inmediato, y en la cual el ejército y la policía fueron desbandados y sustituidos por el pueblo en armas. No cabe duda de que Marx presumía que la fase revolucionaria sería pródiga en episodios violentos, aunque naturalmente culpara de los mismos a quienes estaban defendiendo su situación. No puede argüirse con seriedad que el estalinismo haya sido una deformación monstruosa del marxismo, sino sólo una derivación probable de un proceso en que el comunismo triunfó en un solo país.

Transformaciones económicas:

Marx dio muy pocas precisiones sobre el ordenamiento que preveía en materia económica en la sociedad socialista durante la etapa de la dictadura del proletariado. A continuación se enumeran algunas pistas sobre temas puntuales:

- Mejora de las condiciones de trabajo. Debe recordarse las condiciones inhumanas en que laboraban los obreros en la inmensa mayoría de las fábricas del siglo XIX. Poner fin a esta injusticia era evidentemente la primera prioridad no sólo por razones humanitarias sino también políticas, para remarcar un antes y después de la revolución.

- Reducción de la jornada de trabajo. La duración promedio de la jornada laboral era de doce horas. El objetivo de Marx era cortarla a la mitad, para lo cual contaba con poner a trabajar a las numerosas personas que no lo hacían o realizaban actividades "parasitarias". De esta forma no se resentiría la cantidad de horas totales trabajadas ni la producción lograda. Esta medida pondría a disposición de los obreros seis horas diarias, lo que calificaba como "la verdadera riqueza"

- Planificación central. Su objetivo es la satisfacción de las necesidades sociales. Para ello los planificadores, que juegan en este esquema un rol central, deben realizar un balance entre dichas necesidades debidamente priorizadas y los recursos humanos, de equipamiento, materiales, etc. disponibles; es decir, el rol de toda planificación.

- Los trabajadores recibirán de la sociedad- luego de determinadas deducciones- exactamente lo que le han dado a ella. El que ha aportado más recibirá más. El trabajo lo hará acreedor a ciertos certificados que le permitirán retirar medios de consumo de los inventarios sociales, en directa proporción a las horas trabajadas. Estos certificados reemplazarán al dinero.

- Solamente estarán a la venta los medios de consumo. Los medios de producción y los medios de consumo "sociales" (trenes, tierras no productivas etc.) serán públicos.

- Es obvio que Marx contaba con que los administradores y planificadores procederían con absoluto desinterés y honestidad, sin dejar que sus propios intereses influyan en sus decisiones. Para ello cuenta con la "conciencia de clase", que se sobrepondría a toda humana debilidad. Igualmente, los trabajadores suministrarían a los planificadores y directivos información honesta, no sesgada por sus propios intereses. La falta de dicha conciencia de clase de los obreros en la reivindicación de sus derechos era precisamente algo que desesperaba a los socialistas de aquella época.

El socialismo real

No es este libro el sitio para hacer una narración histórica sobre el devenir del comunismo en los países donde gobernó; excedería en mucho la longitud de la obra, el propósito de la misma centrada en la economía política del marxismo, y los conocimientos del autor. Vamos a tratar un par de temas que de alguna manera se relacionan con opciones estratégicas que los líderes de dichos países debieron realizar.

La expectativa de Marx y sus seguidores inmediatos era que el socialismo se impusiera por la desesperación de las masas hambreadas por el capitalismo, y que este proceso tuviera lugar en forma más o menos simultánea en las principales naciones desarrolladas, particularmente en Alemania y el resto de Europa central.

Ninguna de esas presunciones resultó válida. El comunismo se impuso recién en 1917 en Rusia, un país atrasado, notable más por sus masas campesinas que por su proletariado, que entró en crisis con su régimen más feudal que capitalista como consecuencia entre otras cosas del impacto desastroso de la Primera Guerra Mundial. El comunismo se expandió vertiginosamente por Europa oriental y China en el período posterior a la Segunda Guerra Mundial en países devastados 'por la misma y en muchos casos ocupados por el Ejército Rojo. Su posterior expansión en el sudeste asiático ocurrió al cabo de guerras de liberación nacionalista, contra regímenes coloniales y corruptos, En ningún caso la experiencia socialista aconteció de la forma prevista como una revolución específicamente anti burguesa protagonizada por la clase obrera.

Al imponerse aisladamente en Rusia, y una vez que resultó evidente que el socialismo no habría de propagarse rápidamente al resto de Europa, apareció la controversia conocida como "socialismo en un solo país" vs "revolución permanente". Esta disputa política se vio protagonizada por dos bandos opuestos en la URSS, identificados visiblemente en las personas de José Stalin y León Trotsky respectivamente.

El estalinismo defendió la tesis de que llevar a cabo la revolución socialista, aun en un país subdesarrollado como Rusia era factible, que el comunismo podría afianzarse allí y constituir una retaguardia segura desde la cual expandir el sistema al resto del mundo cuando las condiciones objetivas mejoraran. Los trotskistas argumentaban que ese proceso resultaría insostenible a largo plazo y que la lucha inmediata para la extensión del comunismo era la única ruta viable. En el 14° Congreso del Partido Comunista ruso en 1923 la controversia se decantó a favor de Stalin y Trotsky fue asesinado años después en México.

Resulta aleccionador leer las justificaciones de Stalin sobre la estrategia del socialismo en un solo país. Escribía – y sin duda creía- que el capitalismo no podría soportar largo tiempo la confrontación con la URSS, y que las masas se volcarían al socialismo en razón del mayor nivel de vida que este sistema les proporcionaría. El "imperialismo", o sea el sistema capitalista llevado a un cierto grado de desarrollo histórico, se desintegraría ante la atracción gravitacional del comunismo. Gran cantidad de personas, marxistas o no, compartían esta creencia hasta la década de 1960. Lo que realmente ocurrió posteriormente, o sea la desintegración del campo socialista en la confrontación con el capitalismo con la aquiescencia de las masas sometidas al primero, no era ni siquiera una hipótesis de trabajo aceptable.

CAPÍTULO 17

Materialismo Histórico

Comenzaremos este capítulo con dos aclaraciones sobre el mismo.

La primera se refiere a su ubicación dentro del libro. El materialismo histórico es el marco filosófico y conceptual del marxismo, En una obra de tipo académico sin duda un capítulo sobre el tema estaría ubicado al comienzo de la misma. El autor vaciló antes de localizarlo casi al final del escrito y finalmente optó por colocarlo inmediatamente antes del próximo (y último) capítulo, en el cual de alguna forma se realizará un resumen del contenido del libro. De esta forma, el lector (aún el que hace sus primeras armas en el tema de la economía política marxista) tendrá fresco los contenidos sobre este aspecto crucial.

La segunda aclaración se refiere a las citas textuales de Marx y Engels. En los capítulos anteriores se redujeron al mínimo en razón de que las referencias de estos autores están a menudo dispersas en toda su vasta obra, y no siempre en un lenguaje llano, ágil y ameno para el lector común. En el caso del materialismo histórico, las citas que reproduciremos- por lo demás clásicas en la materia- son de una claridad expositiva y una densidad conceptual incomparables, por lo cual no requerirán mayores explicaciones.

Las Fuentes:

En el capítulo 3 de su obra **Del socialismo utópico al socialismo científico**, Friedrich Engels escribe:

"La concepción materialista de la historia parte de la tesis de que la producción, y tras ella el cambio de sus productos, es la base de todo orden social; de que en todas las sociedades que desfilan por la historia, la distribución de los productos, y junto a ella la división social de los hombres en clases o estamentos, es determinada por lo que la sociedad produce y cómo lo produce y por el modo de cambiar sus productos. Según eso, las últimas causas de todos los cambios sociales y de todas las revoluciones políticas no deben buscarse en las cabezas de los hombres ni en la idea que ellos se forjen de la verdad eterna ni de la eterna justicia, sino en las transformaciones operadas en el modo de producción y de cambio; han de buscarse no en la filosofía, sino en la economía de la época de que se trata. Cuando nace en los hombres la conciencia de que las instituciones sociales vigentes son irracionales e injustas, de que la razón se ha tornado en sinrazón y la bendición en plaga1....., esto no es más que un indicio de que en los métodos de producción y en las formas de cambio se han producido calladamente transformaciones con las que ya no concuerda el orden social, cortado por el patrón de condiciones económicas anteriores. Con ello queda que en las nuevas relaciones de producción han de contenerse ya - más o menos desarrollados- los medios necesarios para poner término a los males descubiertos. Y esos medios no han de sacarse de la cabeza de nadie, sino que es la cabeza la que tiene que descubrirlos en los hechos materiales de la producción, tal y como los ofrece la realidad".

Más adelante, y referido al capitalismo agrega:

"Las nuevas fuerzas productivas desbordan ya la forma burguesa en que son explotadas, y este conflicto entre las fuerzas productivas y el modo de producción no es precisamente un conflicto planteado en las cabezas de los hombres, algo así como el conflicto entre el pecado original del hombre y la justicia divina, sino que existe en la realidad, objetivamente, fuera de nosotros, independientemente de la voluntad o de la actividad de los mismos hombres que lo han provocado."

No es necesario agregar nada para aclarar el sentido de estos extensos párrafos; solamente vamos a enfatizar la secuencia de ideas que aquí se expresan:

- El fundamento de todo orden social reside en los modos de producción y de intercambio de bienes.

- De la producción e intercambio dependen la división de los seres humanos en clases sociales, y la repartición de bienes asociada con dicha división de clases.

- Los cambios sociales y políticos tienen su origen en las transformaciones en esos modos de producción, y no de ideas abstractas que surgen en las cabezas de los hombres por generación espontánea.

- La percepción de que las instituciones sociales existentes son injustas procede del desajuste entre esas instituciones y las nuevas condiciones de producción y cambio.

- Cuando dicha percepción se impone en la sociedad, es señal de que los gérmenes de las nuevas relaciones de producción y cambio existen ya en el seno de la sociedad.

Poe su parte Marx escribe en su **Prólogo a la Contribución a la Crítica de la Economía Política:**

"... me llevó a la conclusión de que, tanto las relaciones jurídicas como las formas de Estado no pueden comprenderse por sí mismas ni por la llamada evolución general del espíritu humano, sino que, por el contrario, radican en las condiciones materiales de vida cuyo conjunto resume Hegel siguiendo el precedente de los ingleses y franceses del siglo XVIII (se refiere a ellos) bajo el nombre de "sociedad civil". "El resultado general al que llegué y que una vez obtenido sirvió de hilo conductor a mis estudios puede resumirse así: en la producción social de su vida los hombres establecen determinadas relaciones necesarias e independientes de su voluntad, relaciones de producción que corresponden a una fase determinada de desarrollo de las fuerzas productivas materiales. El conjunto de estas relaciones de producción forma la estructura económica de la sociedad, la base real sobre la que se levanta la superestructura jurídica y política y a la que corresponden determinadas formas de conciencia social. El modo de producción de la vida material condiciona el proceso de la vida social política y espiritual en general. No es la conciencia del hombre la que determina su ser sino, por el contrario, el ser social es lo que determina su conciencia. Al llegar a una fase determinada de desarrollo las fuerzas productivas materiales de la sociedad entran en contradicción con las relaciones de producción existentes o, lo que no es más que la expresión jurídica de esto, con las relaciones de propiedad dentro de las cuales se han desenvuelto hasta allí. De formas de desarrollo de las fuerzas productivas, estas relaciones se convierten en trabas suyas, y se abre así una época de revolución social. Al cambiar la base económica se transforma, más o menos rápidamente, toda la inmensa superestructura erigida sobre ella. Cuando se estudian esas transformaciones hay que distinguir siempre entre los cambios materiales ocurridos en las condiciones económicas de producción y que pueden apreciarse con la exactitud propia de las ciencias naturales, y las formas jurídicas, políticas, religiosas, artísticas o filosóficas, en una palabra las formas ideológicas en que los hombres adquieren conciencia de este conflicto y luchan por resolverlo. Y del mismo modo que no podemos juzgar a un individuo por lo que él piensa de sí, no podemos juzgar tampoco a estas épocas de transformación por su conciencia, sino que, por el contrario, hay que explicarse esta conciencia por las contradicciones de la vida material, por el conflicto existente entre las fuerzas productivas sociales y las relaciones de producción. Ninguna formación social desaparece antes de que se desarrollen todas las fuerzas productivas que caben dentro de ella, y jamás aparecen nuevas y más elevadas relaciones de producción antes de que las condiciones materiales para su existencia hayan madurado dentro de la propia sociedad antigua. Por eso, la humanidad se propone siempre únicamente los objetivos que puede alcanzar, porque, mirando mejor, se encontrará siempre que estos objetivos sólo surgen cuando ya se dan o, por lo menos, se están gestando, las condiciones materiales para su realización. "

Aunque completamente coincidentes con el párrafo anterior de Engels en su contenido, el texto de Marx tiene su expresividad propia, por lo que consideramos conveniente incluirlo. Una vez más, y alterando levemente el orden en que aparecen las ideas, discernimos los siguientes conceptos centrales:

- En su vida social los hombres establecen relaciones de producción independientes de su voluntad.
- La naturaleza de estas relaciones depende del grado de desarrollo de las fuerzas productivas en ese momento y ese lugar. Dentro de las relaciones de

producción ocupan un papel central las relaciones de propiedad.

- El conjunto de relaciones forman la estructura económica de la sociedad. Sobre esta estructura se levanta la superestructura jurídica y política.

- Los valores ("las formas de conciencia social") en que se basa esta superestructura no dependen de la libre evolución del espíritu humano, sino en las condiciones materiales de vida.

- Allí Marx intercala su famosa frase..." que la anatomía de la sociedad civil hay que buscarla en la economía política".

- Para que desaparezca una formación social y se generen nuevas relaciones de producción deben haber madurado las condiciones en la sociedad antigua.

- Por ello, ninguna sociedad se propone a si misma objetivos que no esté en condiciones de alcanzar. ....

Como vemos, tanto en la exposición de Engels como en la de Marx, hay un núcleo duro de conceptos muy coherentes e integrados. Es sobre esta base teórica que se edifica el materialismo histórico.

Crítica de la interpretación materialista de la Historia:

El materialismo histórico de Marx ha sido un gran progreso en el análisis de las causas y desarrollo de los sistemas socioeconómicos, rasgando los velos ideológicos que los habían cubierto hasta entonces, pero terminó creando un determinismo economicista, que el mismo Engels llegó a entrever y denunciar una vez muerto Marx. Una cosa es introducir las bases materiales que explican los fenómenos sociales, particularmente los de cambio, y otra es negar la participación de toda otra causal, atribuyéndola a una vaga "evolución general del espíritu humano". Ligar cada variación en los paradigmas de una época a un cambio en las relaciones de propiedad es una simplificación grosera, que deja infinidad de aspectos sin explicar, tales como el diferente impacto en distintas sociedades de un mismo cambio en las relaciones de producción.

Para comenzar, la reducción del término más general "relaciones de producción" al mero concepto de relaciones de propiedad empobrece el análisis oscureciendo aspectos que tienen importancia en el desarrollo de las fuerzas productivas de las distintas culturas y sociedades, tales como la disponibilidad relativa de materias primas, fuentes de energía, rutas comerciales, tradiciones artesanales, tecnologías agrarias e industriales, nivel cultural, general etc. La ultima mencionada por ejemplo, es un aspecto asociado con los niveles superestructurales, y sin embargo tiene una enorme y creciente importancia en el desarrollo productivo de una sociedad, lo que demuestra que la superestructura no es sólo un receptor pasivo de las influencias económicas, sino que estructura y superestructura no son compartimentos estancos y existe una interacción dinámica entre. sus componentes.

Lo que ocurre es que en la época de Marx y Engels estaba en vigencia en las ciencias físicas un paradigma mecanicista que creía poder explicar el Universo por la interacción de fuerzas simples sobre cuerpos sencillos. Hoy, bajo el influjo de la teoría cuántica Y el Principio de Incertidumbre de Heisenberg, todas las viejas certezas han caído, y es menester acudir a explicaciones más complejas e inseguras. Por otro lado, la mente humana no es considerada hoy como una simple tabla rasa donde imprimen sus efectos los eventos sociales y económicos externos, sino que sabemos que es un órgano autónomo y enigmático, a la vez maravilloso y temible

En resumen, reconociendo la validez del basamento del materialismo histórico, es necesario hacer una interpretación más matizada de sus efectos, admitiendo evoluciones que proceden del interior del ser humano, aunque bien es cierto que las mismas requieren a veces ciertas condiciones externas para salir a la luz.

CAPÍTULO 18

El Legado

Hacer un balance con pretensiones de definitivo de la economía política marxista   excede en mucho las posibilidades de este autor y de este libro. Con todo, en las páginas precedentes se han expuesto los lineamientos generales del tema, y es factible adelantar algunas conclusiones provisorias, con el objeto de estimular un debate ulterior. Si se lograra hacer un aporte a tal debate, serio y respetuoso, el propósito del autor con respecto a esta obra estaría cumplido

Marx creó la interpretación materialista de la Historia no como una herramienta aséptica e imparcial de indagación social, sino como un arma contundente que le sirviera en la lid para derribar la sociedad burguesa e implantar el comunismo en su reemplazo. La caída del capitalismo por el peso de sus contradicciones internas y la ineluctabilidad de la vía socialista no fueron conclusiones *ex post* a las que arribó luego de un análisis frio y desapasionado, sino su tesis *a priori*, su puerto de llegada necesario, en función del cual orientó el timón de su embarcación conceptual, seleccionando los niveles de abstracción que aplicaba, es decir que elementos de la realidad escogía para su análisis y de cuales prescindía, los argumentos y sus pruebas que elegía en función de que apuntaran hacia la meta deseada. Las conclusiones se apoyaban en tales argumentos pre-filtrados, y cuando hallaba factores que limitaban el +ámbito de tales argumentos, los silenciaba, en la espera de que el futuro probara que la abstracción realizada era la correcta y los elementos descartados simples detalles pasajeros.

No podemos poner en duda la honestidad intelectual de Marx, profundamente convencido de sus puntos de vista, y que sin duda creía moverse en lo que percibía como la clara dirección que le indicaba la Historia. Es difícil concebir que pudiera prever el destino de la sociedad comunista luego de siete décadas de imperio.

Tampoco serían correcto culpar a la dirección de los países de la órbita soviética de haber traicionado arteramente las enseñanzas del maestro, En realidad, esta es la actitud de muchos marxistas actuales, que sólo intentan despegar a Marx de dos hechos extremadamente desafortunados:

- El historial de tiranía, represión, privación de las libertades individuales y atropello de los derechos humanos en los países comunistas, que las dirigencias comunistas avalaron en su momento, pero serían injustificables hoy día.

- La evidencia del colapso del sistema comunista en casi todo el mundo.

En realidad, y haciendo referencia a su variante marxista, hay que considerar sobriamente la posibilidad de que el "socialismo real " fue en verdad el socialismo posible, al menos en la variante marxista. Hay un delgado hilo rojo que conduce de los conceptos de "dictadura del proletariado" y "la violencia como partera de la historia" a los Gulags, los "institutos neuropsiquiátricos" en Siberia, la Revolución

Cultural" de Mao y como extremo, a los campos de exterminio de Pol Pot. No hay forma de hacerse cargo de la teoría marxista y no de sus consecuencias. En caso contrario, el capitalismo podría desentenderse de las guerras coloniales y la formación de imperios, y aún los partidarios de la teoría de la superioridad aria podrían argumentar excesos o traición de Hitler.

Aquellos que reclamen seriamente el carácter de herederos del legado de Kart Marx deben aceptar que fue un intelecto poderoso y original, pero también fue un producto de su tiempo, un tiempo impiadoso. En un esfuerzo de abstracción- que su maestro seguramente les aprobaría- deben determinar cuál ha sido el aporte verdadero que el pensador hizo al análisis económico y social, arrojar por la borda lo que fracasó y rescatar y re contextualizar las enseñanzas que han soportado el paso del tiempo.

El repertorio clásico de guías a la acción política basadas en la lucha de clases, la recurrencia a la violencia como motor de la Historia, la acción de entes pensantes e iluminadas y la instauración de la dictadura del proletariado han sido un camino sin salida y aún más, son irrepetibles hoy día, no están en el actual *zeitgeist,* el espíritu de la época actual.

El autor considera que la contribución duradera radica principalmente en la metodología de análisis de Marx, basada en el materialismo histórico con las limitaciones sugeridas en el capítulo anterior. Esta metodología, aplicada con mente abierta al estudio de la realidad actual y los prospectos futuros, sin ataduras a conclusiones fijas obtenidas un siglo y medio atrás, debiera dar nuevos frutos.

BIBLIOGRAFÍA

Karl Marx:

- ❧ Capital. A critique of political economy; Volume I-Penguin Classics.1976

- ❧ Capital-Volume II- Marx Engels Internet Archive. Marx/Engels Library- 2007

- ❧ Capital. Volume III-The process of capitalist production as a whole- Marx Engels Internet Archive. Marx/Engels Library- 2010

- ❧ Wage-labor and capital- Marx Engels Internet Archive. Marx/Engels Library-2006

- ❧ A critique of the Botha program- Marx Engels Internet Archive. Marx/Engels Library—1999

- ❧ A preface to a contribution to the critique of political economy- Marx Engels Internet Archive. Marx/Engels Library-2002

- A Contribution to the Critique of Political Economy- Marx Engels Internet Archive. Marx/Engels Library- 2009

- The eighteenth Brumaire of Louis Bonaparte- Marx Engels Internet Archive. Marx/Engels Library- 2010

- The civil war in France- Marx Engels Internet Archive. Marx/Engels Library- 2009

- The poverty of philosophy- Marx Engels Internet Archive. Marx/Engels Library- 2006

Karl Marx y Friedrich Engels:

- A critique of German ideology- Marx Engels Internet Archive. Marx/Engels Library- 2000

- The Communist Manifesto- Marx Engels Internet Archive. Marx/Engels Library- 2000

Friedrich Engels:

◈ Socialism: Utopian and Scientific- Marx

Engels Internet Archive. Marx/Engels

Library- 2003

◈ The principles of Communism- Marx Engels

Internet Archive. Marx/Engels Library- 2005

Paul M. Sweezy:

◈ The Theory of Capitalist Development.

Principles of Marxian Political Economy-

Monthly Review Press

OBRAS DE OSCAR RIGIROLI

FICCIÓN

Hielos lejanos

Leyenda dorada

Ordo Australis

Al sur de Capricornio

ENSAYO CRÍTICO

La economía política de Marx

COORDENADAS DEL AUTOR

Página de autor en Amazon: amazon.com/author/oscar.rigiroli

Blog personal: http://narrativaoscarrigiroli.wordpress.com/

Twitter: @OscarRigiroli

www.ingramcontent.com/pod-product-compliance
Lightning Source LLC
Chambersburg PA
CBHW060237290526
45789CB00001B/85